おそまつなギリシャ神話事件簿

京都大学大学院　准教授
河島思朗 監修

INTRODUCTION

まえがき

ギリシャ神話を題材とした名著と言えば、ホメロスの『イリアス』や『オデュッセイア』、ヘシオドスの『神統記』と『仕事と日』、さらにはオウィディウスの『変身物語』などを挙げることができます。ほかにもギリシャ悲劇の名作の数々も、ギリシャ神話をベースとして書き上げられています。

ギリシャ神話というのは、元々は古代ギリシャより語り伝えられる伝承であり、大勢の神々が登場して、あたかも人間と同じように愛憎劇を繰り広げる物語ですが、ギリシャ神話に登場する物語はそのまま、古代ローマで信仰されてきた神々のことを語っているもの、とみなされるようになりました。

そして、ローマで生まれたラテン文学作品では、ギリシャ神話の神々の名前がラテン語名で呼ばれ、物語そのものもラテン語で語られるようになりました。やがてそのラテン語名は英語などの現代語にも受け継がれます。

たとえば、ゼウスはラテン語ではユピテルと対応し、英語ではジュピターと呼ばれます。ポセイドンはネプトゥヌス、ネプチューンとなり、アルテミスはディアナ、ダイアナに、そしてアプロディテはウェヌス、ヴィーナスに、アテナはミネルウァ、ミネルヴァとなります。

このように、ギリシャ神話は欧米の人たちにとって「ギリシャの物語」ではなく「自分たちの物語」として愛されるようになり、今日に至っています。

実際、欧米の文学作品はもちろんのこと、芸術作品の中にはギリシャ神話を題材にした、あるいはギリシャ神話に影響を受けたと思われるものは、とてもたくさんあります。つまり、欧米の文化を知るうえで、ギリシャ神話は欠くことのできない知識の1つと言えるわけです。では一体、なぜそれほどにギリシャ神話は多くの人に愛されるのでしょうか。

その理由の1つは、ギリシャ神話に登場する個性豊かな神々にあります。神々である以上、人間には望むべくもない魅力や力を備えているわけですが、同時にあまりに人間臭く、その行いがときに素晴らしくもあり、ときにあまりにひどすぎるところに、得体の知れない魅力を感じます。

だからこそ、日本ではたくさんの漫画やゲームにも登場し、これらの作品を通してギリシャ神話に触れ、ギリシャ神話について学びたいと考える人も多いのではないでしょうか。本書はそんな「ギリシャ神話について知りたい」という読者のニーズに応えるとともに、神々のちょっとおそまつな、ちょっと奇妙な物語を集めることで、ギリシャ神話により親しみを感じていただければという意図で作成したものです。

本書が読者のみなさまにとって楽しく、ちょっと笑えて、そしてちょっとだけ蘊蓄《うんちく》に満ちた、そんな本となれば幸いです。

監修　河島思朗

おそまつなギリシャ神話事件簿　目次

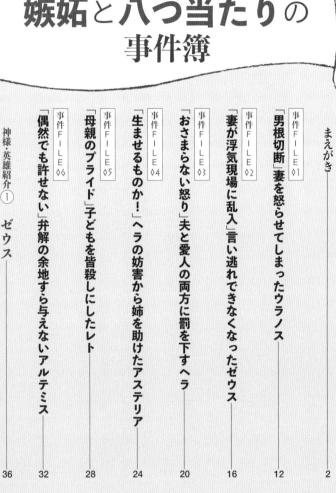

第1章
嫉妬と八つ当たりの事件簿

第2章
愛と哀しみの事件簿

第3章
怒りと制裁の事件簿

第4章
意地とプライドの事件簿

第5章

嘘と騙し合いの事件簿

第6章

おそまつな事件簿

第7章 しくじりの事件簿

第1章

嫉妬と八つ当たりの事件簿

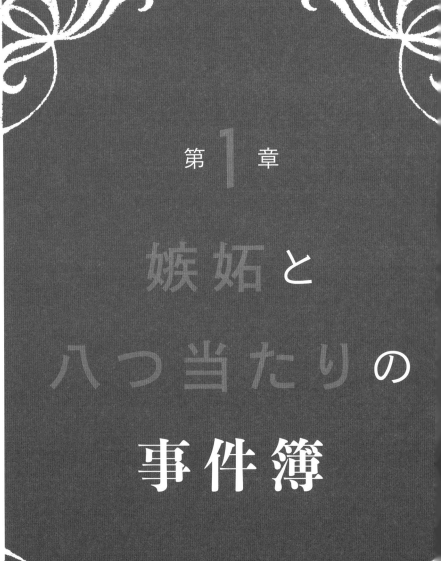

事件FILE 01

「男根切断」妻を怒らせてしまった

ウラノス

【ウラノス】

カオス（空隙）から生まれた神々の1人でガイア（大地）を妻とした「天」の神。最初に全世界を支配した。生まれた子どもを次々にタルタロスに投げ込むが、それを怒ったガイアは金剛の鎌をクロノスに与えて父ウラノスを襲わせ、その支配権を奪わせている。

かつて日本でも「阿部定《あべさだ》事件」という、女性が男性の男根を切り取るという事件が起きました。大騒ぎになり映画にもなっているので、ご存知の方もいるのではないでしょうか？世の男性からすると、大事なところを切られるなんて想像しただけでも恐ろしい事件ですが、阿部定事件の元祖は『ガイアの夜明け』というタイトルにもなっている、大地の女神ガイアです。

ギリシャ神話内の世界の創造では、最初にカオス（空隙）が生まれ、次にガイアが誕生します。その後、ガイアは最初に生んだ子どもであるウラノス（天）と結婚をして、次々と子どもを生んでいます。

ここでほとんどの人は「えっ?」と驚くはずです。ウラノスがガイアの子どもということは、母親とその子どもが結婚して夫婦になるということです。つまり近親相姦《きんしんそうかん》ですし、今の時代なら許されざる結婚です。

しかし当時のギリシャ神話は、親子や兄弟姉妹だらけの世界ですから、どうしたって近親相姦になってしまいます。

それはともかく、ウラノスとガイアの間にはたくさんの子どもが生まれます。これだけならめでたしめでたしなのですが、ウラノスは生まれた子どもたちを次から次へとタルタロスへ投げ込んでしまいます。

タルタロスというのは冥界の一番下にある場所で、神々の暮らす天界とはとてつもなく離れています。そこに投げ込まれるのは神々にそむいた大罪人で、あの有名なゼウスも、のちに自分にそむいた神々を投げ込んだ場所です。そんな恐ろしい場所に、わが子たちを投げ込まれたガイアが平気でいられるはずがありません。

こうしてガイアは、夫であり子どもでもあるウラノスへの復讐心を燃やします。そして末っ子のクロノスに金剛の鎌を与えて、子どもたちに「父を倒せ」と命じたのです。

たしかに日本でも、戦国武将の中には父親を倒したり、追放することでお館様になり上がった武将もいます。しかし神様とはいえ、さすがに自分の親を鎌で切り殺すというのは、相当な勇気と覚悟が必要です。さらに言うと、自分で手を下すのならともかく、かわいいわが子に親殺しの罪を犯させるなんて、ガイアはかなり恐ろしいです。

ガイアは、何も知らないで自分のところにやってきた夫ウラノスを、息子のクロノスに襲わせます。そしてクロノスは、与えられた金剛の鎌で、なんとウラノスの大切な男根をばっさりと刈り取って放り投げてしまったのです。

経験がないので、それがどんなに痛いかはわかりませんが、何にしてもウラノスは大事なところを息子に刈り取られ、放り投げられたのですから、後はガイアとクロノスの言うことを聞くしかありませんでした。

アプロディテの出生の秘密

こうして神々の世界の支配者は、ウラノスからクロノスへと受け継がれました。中国には平和的に地位を譲る「禅譲《ぜんじょう》」なんていう言葉がありますが、ことギリシャ神話においては、暴力的で力ずくというのが本当のところです。

息子に男根を切り取られ、隠居を余儀なくされたウラノスのざんねんな気持ち、無念さ、恥ずかしさを思うと、いくら子どもたちにひどいことをしたとはいえ、やはり同情しながら笑うほかありません。

ところで、その後切り取られ、投げ捨てられたウラノスの男根は、どうなったのでしょうか？　実は、男根はしばらく海の上を漂ったのち、その周りに白い泡が立って、1人の美しい乙女が誕生したのです。

その乙女が愛と美、豊穣《ほうじょう》の女神アプロディテというから驚きです。

アプロディテについてはのちほど登場しますが、**切り取られた男根から美の女神が誕生**というのは何だかあきれるやら、センセーショナルな事件ですね。

豆知識

ガイアはクロノスをけしかけてウラノスを倒し、ゼウスを助けてクロノスを倒し、さらにゼウスも倒そうと画策するなど、三度までも王権転覆をはかっています。まさに「事件の影に女あり」です。

事件FILE

02

「妻が浮気現場に乱入」言い逃れできなくなった

ゼウス

ギリシャ神話内の最高神であり、最も有名な神様がゼウスです。しかしゼウスは、女神だろうが人間の女性だろうが構わずに手を出す浮気者です。その一方で、ゼウスの正妻ヘラは、決して夫の浮気を許すことのない結婚の女神なので、いつもどこかでゼウスが浮気をしているのではないかと目を凝らし、現場を見つけようものならすぐに駆けつけます。

ある日、イオという美しい女性を見初めたゼウスは「これは神々の王者たるゼウスにふさわしいお嬢さんだ。さあ、あの深い森の暗がりへ入るのだ」と声をかけました。イオは怖くなって逃げ出すと、ゼウスは闇を広げて大地を隠し、逃げる乙女をとどめて、その純潔を奪ってしまったのです。

【ゼウス】

最高神で天空の支配者。クロノスとレアの子どもであり、ティタン神族と戦い、覇権を手にした。無敵の威力を持つ雷を武器とし、多くの女神や人間の女と交わって、多くの子どもを得たことでも知られている。オリュンポス12神の1人。

世の中には、美しい女性を見かけると声をすぐかけてくる男がいます。そのほとんどは挨拶代わり程度のものですが、ゼウスに関しては「美しい女性を見つけた＝自分の女に必ずする」なので、ゼウスに見初められた女性は不運としか言いようがありません。

ここまでは、いつものゼウスの浮気でした。しかし、今回はヘラがすぐ浮気に気づいて、現場に押しかけてきたので、さすがのゼウスも慌てるほかありませんでした。

なぜヘラは気づいたのでしょうか？

ゼウスはイオを押しとどめるために、黒雲を沸き立たせ、あたり一面を夜のようにしていました。さすがの神の力ですが、そんなことができるのは、神々の中でゼウスしかいません。ヘラはこう気づきます。

「私の間違いでなければ、妻としての私が侮辱されているのだ」

こんなことをするのはゼウスしかいません。そしてその理由はただ1つ、美しい女を見つけて浮気をしている、つまり私を侮辱していると考えたのです。

怒ったヘラはすぐに地上に下り、黒雲に立ち去るように命じます。これに慌てたのはゼウスです。まんまとイオと交わったものの、現場を妻に見られては言い訳のしようがありません。そこでゼウスは、イオを真っ白な牝牛《めうし》に変えて、ヘラの追及をかわそうと考えます。ところがヘラの方が一枚上手で、牛の出生についてごまかすゼウスにこう言いました。

「ではこの牛を私にくださいませ」

ヘラにはすべてバレバレでした。ここでゼウスが牛を引き渡すことを断れば、浮気を白状しているようなものです。ゼウスが仕方なく牝牛（イオ）を引き渡すと、ヘラは牝牛を100の目を持つ巨人アルゴスのところに連れていき、見張るように命じました。

ヘルメスの救出劇

100の目があるということは、そのうちのいくつかの目は眠ったとしても、ほかの目は起きているので、不眠不休で見張ることができます。哀れなイオは逃げ出すこともできず、草を食べ、地べたで眠るほかありませんでした。アルゴスに嘆願しようにも、口から出るのは牛の鳴き声だけでした。

何とかイオを助けたいゼウスは策を練ります。悪知恵に長けたわが子ヘルメスを呼び、アルゴスを殺してイオを助けるように命じたのです。ヘルメスはいつもどこかの目が開いていて、決して眠ることのないアルゴスを眠らせるために羊飼いに扮し、手には眠りをもたらす魔法の杖を持って近づきました。

ヘルメスに心を許したアルゴスは「誰か知らぬが、私と一緒にこの岩に座るがよかろう」と招き寄せます。ヘルメスの笛の音や巧みな話に耳を傾けているうちに、いつしかアルゴスは眠りに落ちて、100の目をすべて閉じてしまいました。ヘルメスは魔法の杖を使ってさらに眠りを深くすると、アルゴスの首を鎌で切り落とし、岩から投げ落としました。

こうしてイオは、アルゴスのところから逃げ出すことができたのです。

「夫婦喧嘩は鬼も食わない」と言いますが、食わされる方はいつも大迷惑というのがゼウス、ヘラ夫婦です。

豆知識

ヘルメスによって殺されたアルゴスの死を悼《いた》んだヘラは、その目を取って自身の飼っている孔雀《くじゃく》の尾羽根に飾りました。以来、孔雀は尾羽根に100の目を持つようになったと言われています。

事件FILE

03

「おさまらない怒り」夫と愛人の両方に罰を下す

ヘラ

【ヘラ】

ゼウスの正妻でオリュンポスの神々の女王。女性の結婚・出産・家庭生活の守護神だが、浮気者のゼウスの妻だけに嫉妬深いことで知られており、嫉妬心に駆られてゼウスの恋人や子どもたちをしばしば迫害している。オリュンポス12神の1人。

ゼウスの浮気癖も困ったものですが、浮気相手の女性がもっと困るのは、ゼウスの正妻ヘラの嫉妬深さや怒りです。そのため、できることならゼウスを避けたいところですが、何せ相手は神様の中の神様ですから、その手を逃れるのも大変という実に困った夫婦です。

そんなヘラの怒りについては、2つの見方があります。

1つは、その嫉妬深さと残虐さを非難するものですが、一方で女性たちの守り神としてふさわしい振る舞いだと賛美する人たちもいます。

ただし、どちらの見方にしても、ゼウスに見初められた女神や女性には、たいていの場合厳しい罰が下されるのは事実です。その1つが王女セメレの身に起こった事件です。

テバイの町を建設して、初代の王となったカドモスにはセメレという娘がおり、セメレの美貌にほれ込んだゼウスは、彼女を愛人にしてディオニュソスを身籠《みご》もらせました。それを知ったヘラは、こう心に誓います。

「これまでゼウスと口争いは何度もしてきたが、何の利益があったろうか？　それよりも、当の女を始末しなければならない。あの女こそ破滅させよう」

何とも不吉な言葉を残したヘラは、セメレの住む屋敷にやってくると、1人の老婆に変身しました。老婆はセメレの乳母《うば》ベロエにそっくりでした。

懐かしい乳母と再会したセメレは、いろいろな話をします。ふとゼウスの名前が出たとき、乳母に変身したヘラはこう言いました。

「それが本当にゼウスさまだとよいのですがね。これまで神々を名乗って貞女《ていじょ》の部屋に入り込んだ男はたくさんいるので、ゼウスさま本来の偉大な姿で抱擁してくださるよう頼みなさい」

ヘラの巧みな言葉をすっかり信じ込んだセメレは、次にゼウスが来たときには、そうお願いしてみようと心に決めたのです。

嫉妬からくる怒りはおさまらず

やがて、やってきたゼウスに「本当の姿を見せてほしい」と頼んだところ、ゼウスは驚きます。しかしそのときすでに、セメレの願いを撤回することはできませんでした。仕方なくゼウスは天界に登り、可能な限り力を弱め、本来の稲妻の神の姿でセメレの前に現れます。しかし神ならぬ身のセメレは、ゼウスの雷鳴に耐えることができず、すぐに焼け死んでしまいました。

ゼウスにとって、セメレはわが子を宿す愛しい人ですし、その人を自分の力で焼き殺してしまうとすれば、これほど残酷なことはありません。恐ろしいことに、ヘラは策を巡らして、ゼウスとセメレの両方に罰を与えたのです。

しかしこのとき、ゼウスはわが子だけは何とか助けようとします。**母親の胎内からディオ**

ニュソスを取り出し、自分の太ももに縫い込みました。そしてディオニュソスが十分に成長すると、再び太ももから取り出して、この世に誕生させたのです。

とはいえ、ヘラにとって憎いセメレの子どもであるディオニュソスが生きているというのは耐えがたいことです。そこでゼウスは、ディオニュソスをセメレの妹イノに預け、育ててもらうことにしたのです。

しばらくして、そのことを知ったヘラは再び激怒し、イノと夫のアタマスを発狂させてしまいました。その結果、発狂したアタマスは上の子のレアルコスを鹿と間違えて射殺してしまい、発狂したイノは下の子のメリケルテスを鍋に投げ込んで殺した後、その死体を抱えて海に身を投げてしまったのです。

海に身を投じたイノとメリケルテスの2人は、やがて（白い女神レウコテアとパライモンとして）海の神の仲間入りをしますが、ヘラの怒りを買ってしまうと、ここまでの罰を与えられるのです。

ヘラの怒りが、相手の女性ではなくゼウス1人へ向かえば、ここまでみんなが苦しむことはないのですが、偉大な神様や偉大な夫婦の争いは、いつだって人間にとって厄介なものなのです。

豆知識

ギリシャ神話には神と人間の間に生まれた子どもがたくさん登場しますが、片親が人間ではどんな英雄も死を免れることはできません。しかし、ディオニュソスはゼウスの体内で育ったため正真正銘の不死の神でした。

事件FILE 04

「生ませるものか！」ヘラの妨害から姉を助けた アステリア

ゼウスはギリシャの神々の中で最高神ですが、こと女性に関しては、やりたい放題に手を出しています。それは人間の女性だけでなく、女神に関しても同様です。

ゼウスが最初に交わったのは、知恵の女神メティスです。その次に、掟の女神テミスやディオネ、エウリュノメとの間に子どもをつくり、さらに正妻としてヘラを迎えた後も、多くの女神や人間と交わって、たくさんの子どもをつくっています。

本当に困ったものですが、こうしたゼウスのやりたい放題を黙って見過ごすほど、正妻であるヘラはお人よしではありません。嫉妬からなのか、ゼウスへの嫌がらせなのか、ゼウスの子どもを宿した女神たちにも嫌がらせをしたり、厳しい罰を下す事件を起こしています。

【アステリア】

ティタン神族コイオスとポイベの娘でレトの妹。ペルセスとの間にヘカテ（人間にあらゆる幸を与える力を持っていたが、のちに冥界と関係づけられ精霊や呪法の女神にもなり、三叉路に現れると考えられた）という子どもがいる。

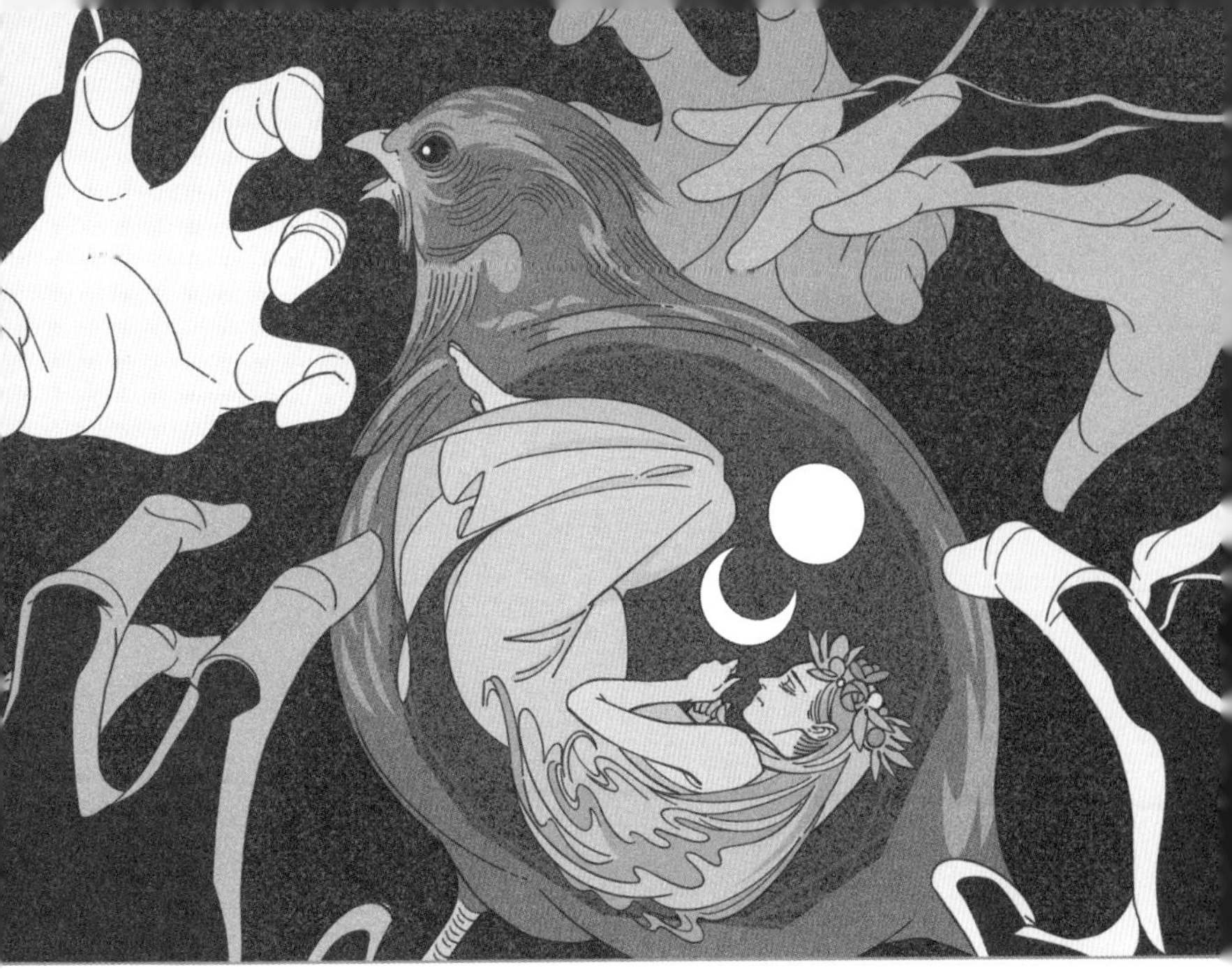

よく知られているものの1つが、ゼウスとの間にアポロンとアルテミスという双子の神を生んだ、レトへの仕打ちです。

レトが妊娠したとき、ヘラは嫉妬心から全世界に対して、レトが子どもを生む場所を提供することを禁止しました。ヘラに邪魔をされたら、たとえ女神レトでも子どもを生むことなど不可能です。

そのためレトは、臨月を迎えたにもかかわらず、休むこともできなければ、子どもを生むこともできなくなってしまいました。

困り果てたレトに場所を提供したのが、オルテュギア島（鶉《うずら》の島）という浮島でした。この島は、レトの妹アステリアが姿を変えたものであり、かつ固定した土地ではなかったため、「レトに出産場所を提供してはならない」というヘラの命令を受けていませんでした。

そもそも、アステリアがオルテュギアという浮島に姿を変えたのも、ヘラの夫であるゼウスの魔の手から逃れるためでした。

ゼウスに求愛されたアステリアは、その手を逃れるために鶉に姿を変え、空から海へと身を投じて浮島になり、海の上を漂うという悲しい運命を辿っていたのです。つまり、姉であるレトが出産場所に困っているのを助けても、何の不思議もありませんでした。

さらなる嫌がらせ

こうして、何とか出産場所を確保したレトでしたが、9日9夜に渡って陣痛が続いたにもかかわらず、子どもが生まれることはありませんでした。なぜなら、ここにも嫉妬深いヘラの妨害があったのです。

出産には、お産の女神エイレイテュイア（ゼウスとヘラの娘）の助けが必要なのですが、ヘラの妨害によって、レトのもとに行くことができずにいたのです。あまりに残酷な仕打ちです。

しかし、レトの苦しみを見かねたほかの女神たちが、エイレイテュイアにこう申し出ました。

「レトに無事にお産をさせれば、素晴らしい贈り物を差し上げましょう」

喜んだエイレイテュイアは、ヘラの命令に反してレトのところへ行きます。そのおかげで、レトは最初にアルテミスを生み、生まれたアルテミスがすぐに産婆としてレトの出産を助け、アポロンも無事に生まれることができました。

それ以来、アルテミスは誕生や多産、子どもの守護神として崇《あが》められるようになり、**アポロンが誕生した浮島オルテュギアは輝ける島という意味を持つ「デロス島」と呼ばれるようになりました。**そこは古代ギリシャの聖地で、ヘレニズム文化の宗教的、政治的、商業的中心地として栄えるようになりました。


ヘラはゼウスへの怒りから、レトにありとあらゆる嫌がらせを行いましたが、最終的にレトは有名な2人の神の母親となり、妹のアステリアも世界の中心に位置する島になることができたのです。

妻の嫉妬はときに夫に向かうのではなく、相手の女性へと向かうことがあります。つまり、ゼウスに求愛されるということは、いつだってヘラの恐ろしいほどの嫌がらせを受けることにつながるのです。それもこれも、結婚と子どもの神様で、貞操観念の強かったヘラが相手では仕方のないことなのです。

豆知識
ヘラの嫉妬深さは筋金入りで、多くの女神や女性が苦しんでいますが、ヘラ自身は結婚と妻の地位の守り神であり、貞操観念が強く、ゼウス以外の男性と交わることはありませんでした。

事件FILE 05

レト

「母親のプライド」子どもを皆殺しにした

【レト】

ティタン神族のコイオスとポイベとの娘。ゼウスに見初められてアポロンとアルテミスの母親となった。ゼウスの妻ヘラが嫉妬心から子どもを生むことを邪魔したことで知られている。

ギリシャの神々はプライドがとても高く、うっかり「あの人より私の方が上」などと誰かが口にしようものなら、決して放っておくことはありません。そして、そのときの復讐は恐ろしいものになってしまいます。

ゼウスに愛されて、アポロンとアルテミスの母親となったレトは、ゼウスの正妻ヘラに嫉妬されていました。しかし、レト自身も2人の有名な神の母親ですし、何せ相手はあのゼウスですから、少しくらいうぬぼれていたとしても当然のことと言えます。

そして、そんなレトを相手につい余計なことを言ってしまい、とてつもない不幸にあったのが、タンタロスの娘でテバイの地の王アムピオンの妃であるニオベです。

ニオベにはたくさんの子どもがいて、その数はいくつかの説はありますが、7男7女と言われています。ニオベは、こんなことを口にしてしまいました。

「レトにはアポロンとアルテミスの2人だけしか子どもがいないから、もっとたくさんの子どもがいる自分の方が、レトよりも勝っている」

どれだけたくさんの子どもがいるかで、情勢の優劣や幸福が測れるわけではありません。ましてや、レトを相手に「私の方が勝っている」などと失言してしまえば、レトが放っておくはずがありません。

怒ったレトは、子どもであるアポロンとアルテミスに、ニオベを罰するように命じました。アポロンは美しい神様でありながら、怒れば恐ろしい神になり、矢を放って人を射て殺すことができました。それはアルテミスも同様で、美しい処女の狩人は山野を駆けて鹿を追うこともあれば、人間に矢を放つこともありました。

こんな2人に狙われては、ニオベの子どもたちはひとたまりもありません。ニオベに侮辱された母レトの名誉のために、アポロンは山で狩りをしていたニオベの息子すべてを射殺し、アルテミスは王宮にいたニオベの娘すべてを射殺して、子どもを皆殺しにしてしまいました。神々のプライドを傷つけると、そこにはいつも恐ろしいほどの復讐が待っていました。

口は災いのもと

それにしても、なぜアポロンとアルテミスは皆殺し、という残虐なことを行なったのでしょうか。それは、母親の名誉を守るためとも言われていますし、ニオベが子どもの数を誇っただけでなく、子どもの外見についてアポロンとアルテミスを侮辱したから、とも言われています。ニオベによると、アルテミスは男のように衣服をたくし上げて着用し、アポロンは服が垂れ下がり、髪は長すぎるという見た目から、自分の息子の方が優れていると傲慢《ごうまん》に語ったとも言われています。

その言葉どおりなら、レトだけでなくアポロンもアルテミスも「何を生意気な」と怒るのも当然かもしれません。まさに口は災いのもとなのです。

それにしてもやりきれないのは、うっかり余計なことを言ったばかりに、大切な息子や娘を失ったニオベです。子どもを失ったニオベは、泣きながらシピュロス山で石に変わり、その石からは子どもたちの死を嘆き悲しむ涙が流れていると言われています。そして妻や子どもたちを失った復讐のため、アポロンの神殿へと向かったテバイの王アムピオンは、子どもたちと同様に、アポロンによって矢で射殺されたと伝えられています。

神々は人々の傲慢さを見逃すことはありません。怒ったときの神々の復讐は、いつだって「徹底的にこらしめる」なのです。

豆知識

先輩に部活などでしごかれた人は、後輩に対して優しくなるか同じことを繰り返すものです。ヘラの嫉妬に苦しめられたレトは、ニオベに「倍返し」をしてしまいました。

事件FILE 06

「偶然でも許せない」弁解の余地すら与えない

アルテミス

【アルテミス】

狩猟と純潔の女神。ゼウスとレトの娘で、アポロンの双子の姉弟。アポロン同様に弓を持ち、山野で狩りをすることを好んだ。誕生、多産および人間や野獣の子どもの守護神でもある。オリュンポス12神の1人。

女性の裸を盗み見るのは、もちろん犯罪ですし恥ずべき行為です。では、まったくそんなつもりもないのに、偶然そこに出くわしてしまったとしたらどうでしょうか？意図的ではないにもかかわらず、恐ろしい罰を加えられ、さらに命まで奪われてしまった事件があるとしたら、さすがにそれはやりすぎとしか言いようがありません。

その事件の張本人アルテミスは、ゼウスとレトの娘で、アポロンの双子の姉です。ゼウスにとっては、かわいいわが子だけに、驚くほどたくさんのお願いをされても「いいよ、いいよ」と聞いてしまい、甘やかされていたため、わがままで、おてんばな女神と言うことができます。

アルテミスは狩りが好きで、ニンフたちとともに野山を駆け巡り、鹿を追い、矢を放つなど

狩猟の女神であり、男性と交わることのない潔癖な処女神でもあります。

ある日のこと、狩りに疲れたアルテミスはいつものように森の奥にある泉の湧く洞窟で水浴びをしていました。そこに偶然入ってきたのがアクタイオンです。アクタイオンはアリスタイオスとアウトノエの子どもで、ケンタウロス族のケイロンに育てられ、狩りの術を授けられた名高い狩人でした。

いつものように、たくさんの犬を連れて狩りを行なったアクタイオンが、偶然見つけた洞窟へと入っていくと、そこにはなんと、一糸まとわぬ姿で水浴びをしているアルテミスの姿があったのです。

驚いたのはアクタイオンでしたが、もっと驚いたのは、永遠の処女性を守ることを誓っていたアルテミスです。もし手近に弓矢があったなら、即座にアクタイオンに矢を放ったはずですが、あいにく弓はなく、代わりに泉の水をアクタイオンにかけながら、こう呪いの言葉を口にしました。

「裸の私を見たと言いふらしてもよいのですよ。ただし、そうすることができたらね」

脅しの言葉はただそれだけでしたが、アクタイオンが自分の身体を見ると、頭からは角が生え、腕は長い脚に変わり、全身はまたたく間に毛皮におおわれてしまいました。それは、アクタイオンがいつも狩りの対象にしていた鹿そのものでした。

そんな水に映る自分の姿を見て、「なんと惨めな姿だ」と叫ぼうとしましたが、すでに声は出なくなっていました。わが家へ戻るべきか、それとも惨めな姿のまま森に隠れる方がいいのかと、アクタイオンはただそれだけを思い悩んでしまいました。

飼い犬たちに追われて迎えた最期

ところが、そんな鹿になったアクタイオンを見逃さなかったのが、一緒に連れてきた猟犬たちです。優秀な犬たちだけに、鹿となったアクタイオンを懸命に追いかけます。自分の飼い犬に追われる身となったアクタイオンは「俺はアクタイオンだ。お前たちの飼い主ではないか」と叫ぼうとしますが、鹿となった身では言葉にはなりません。

哀れなことに、アクタイオンは自分の飼い犬によって八つ裂きにされ、息絶えることになったのです。しかもアクタイオンが息絶えるまで、アルテミスの怒りは消えることがなかったと言いますから、何とも残忍な結末です。

もっとも、**アルテミスはいつも残忍なことをしているわけではなく、誕生や多産および子どもの守護者であり、お産を助ける神様**でもあります。人間や動物の子どもを保護し、成長を見守るのもアルテミスの役割と言われています。それだけに、偶然の過ちによってアルテミスの裸身を見てしまったアクタイオンは、あまりにも不運、あまりにも不憫《ふびん》と言うほかはありません。

アクタイオンからすれば、わざとじゃないんだからいきなり罰を下すんじゃなく、せめて弁解くらいさせてほしいところですが、いつだって弁解の余地を与えず、有無を言わさないのがギリシャの神々です。

こんな神々とともにあるのですから、人間が神様の機嫌を損ねないように、供え物などを欠かさなかったのも当然なのかもしれません。

豆知識

アルテミスはうら若い処女の狩人ですが、彼女の怒りに触れて不運に見舞われた話は数知れずあります。その力は巨人アロアダイを倒すほどですから、「女の子だから」と甘く見ると、あっという間に地獄行きなのです。

神様・英雄紹介 1

【ゼウス】

ギリシャ神界の最高神で天空の支配者。祖父にあたるウラノスは「天」を意味する神だが、ゼウスは種々の気象学的現象（雨、嵐、雷など）を司る神だった。英語ではジュピターと呼ばれている。

ティタン神族のクロノスとレアの子どもだが、「レアの生む子によって滅ぼされる」という予言を信じた父クロノスは、生まれてくる子を次々と丸のみしていた。しかし最後に生まれたゼウスだけは無事に育てたいと願った母レアは、赤ん坊と同じ大きさの石を産着に包み、父クロノスに飲ませたことで、ゼウスだけは無事育つことができた。

成長したゼウスは祖母ガイアの教えに従い、知恵の神メティスの助けを借りて、父クロノスに吐き薬を飲ませ、兄弟であるポセイドンやハデス、ヘラやデメテルなどを助けることに成功した。さらにゼウスは味方をしてくれる神々をオリュンポス山に集め、父クロノスを王と崇めるティタン神族と戦い、勝利をおさめ、オリュンポスの神々の王となった。

こうして世界に君臨することになったゼウスだが、浮気癖がすさまじく、さまざまな女神や人間の女と交わっていたため、妻のヘラは浮気をやめない夫をこらしめようと、愛人やその子どもたちに次々と嫌がらせをすることになるのだから、神々や人間にとっては何とも迷惑極まりない夫婦と言える。

第2章

愛と哀しみの事件簿

事件FILE

07

「哀しい恋の結末」引き際を知らない美青年

アポロン

アポロンは予言や医術、牧畜の神であり、竪琴や弓矢の名手としても知られています。そして、**アポロンは美しい青年像として描かれることが多い神様**です。

そんな美男子アポロンにまつわる恋物語はたくさんあります。そのなかの1つで、アポロンの最初の恋人である河神ペネイオスの娘ダプネとの恋物語は、とても哀しい結末に終わっています。もっとも、その悲劇を招いた事件の原因は、アポロンの軽率でおそまつな一言でした。

ある日、弓を使っているクピド（キューピッド）を見て、こう言いました。

「いたずら好きの坊やさん、君はその強力な武器をどうしようというのだ？　それを肩にかけるのは私にこそふさわしい。私なら野獣や敵にたしかな傷を与えることができる。君は、君の

【アポロン】

光明と予言の神。アルテミスの双子の兄弟。絶世の美男子で弓矢と竪琴を携えている。神託の主となり、予言を人間に伝える役目を果たすとともに、音楽や医術、弓術、牧畜の神でもある。オリュンポス12神の1人。

松明《たいまつ》で得体の知れない恋の火とやらを燃え立たせることに満足していることだ。私に与えられた弓矢のほまれを横取りしないでくれたまえ」

つまり、クピドの弓を何の役にも立たないもの、とばかにしたわけですが、怒ったクピドはこう言い返します。

「アポロンのおじさま、あなたの弓はすべてのものを射抜くでしょう。でも、僕の弓はあなたを射るのですよ。すべての生き物が神に及ばないのと同じくらい、あなたのほまれは僕のほまれにかないっこありません」

そう言うと、クピドは高く舞い上がり２本の矢を放ちました。１本目の恋心をかきたてる矢でアポロンを射抜き、もう片方の恋心を逃げさせる矢で、ダプネを射抜いたのです。

クピドの矢により、アポロンはたちまちダプネに恋心を抱いたのに対し、ダプネの方は男に言い寄られることさえ毛嫌いするようになってしまいました。

アポロンは予言の神様なので、本来なら自らの恋の行く末も言い当ててしかるべきところです。しかし、さすがの予言の神も恋は盲目らしく、ダプネが自分を嫌がっていることなど、みじんも考えようとはしませんでした。

予言の神でも女心は見抜けない

クピドの矢には、それほどの力が秘められていたのです。

アポロンは優しい言葉をかけながら、懸命にダプネを追いかけます。しかし、男に抱かれることを嫌い、何が何でも処女を守ろうとするダプネを振り向かせることはできません。これではギリシャ神話を代表する美青年のアポロンも、ただの気味の悪いストーカーです。

いくら逃げても追いかけてくるアポロンに追いつめられたダプネは、河の神である父ペネイオスにこう訴えました。

「私のこの美しい姿をなくして、別のものに変えてくださいますように」

その祈りとともに、ダプネの柔らかい腹部は薄い樹皮でおおわれ、髪は葉に、腕は枝に、そして脚は根に変わってしまったのです。

それでも諦めきれないアポロンは、ギリシャ語でダプネと呼ばれる月桂樹を抱きしめ、愛撫し、樹に口づけをしようとします。しかし樹は、その口づけさえもしりぞけようとしました。愛する人を失ったアポロンは、月桂樹に向かってこう言いました。

「お前は私の妻にはなり得ないのだから、せめて私の木になってもらうとしよう。愛しい月桂樹よ、私の髪も、竪琴も、矢筒も、常にお前で飾られるだろう。歓呼《かんこ》の声が凱旋を知らせ、カピトリウムの丘に長い行進が見られるとき、ローマの将軍たちの頭を飾るのも、お前だ」

月桂樹はその言葉を聞き、枝でうなずき、梢《こずえ》を揺るがしたと言われています。以来、**勝利を祝うときには、頭を月桂樹の冠で飾るようになった**のです。

この事件はアポロンの悲恋として語られています。しかし、もしアポロンがクピドをばかにしなければ、ダプネは月桂樹にならずにすみ、アポロンの恋も実ったかもしれないとなると、アポロンのおそまつな言葉が悔やまれますね。

豆知識 クピドはローマ神話に登場する愛の神。ギリシャ神話のエロスと同一視されるが、クピドは幼児の姿で描かれる。1909年にデザインされたキャラクター「キューピー」はクピドをモデルにしている。

事件FILE 08

「繰り返される悲劇」哀しい結末を引き寄せた少年愛

【ヒュアキントス】

アミュクライ市の美少年。系譜としてはさまざまある。本来はギリシャ先住民族の自然神だったと考えられており、彼を祀《まつ》ったヒュアキンティアという祭りが行われていた。

アポロンは男性美の象徴であり、理想の美青年そのものと言われています。そのため、女性にまつわるエピソードもとても多いのですが、その一方で戦国時代の武将同様に、美少年にまつわる物語もたくさんあります。

今と違って古代ギリシャでは、大人の男と美しい少年の間で生まれる少年愛は、信頼や同士的な絆に通じるものと考えられていました。そして、**少年愛は女性との愛よりも高い価値を持つとされていました。**

しかしアポロンの場合は、女性との愛がたいていは哀しい結末、残酷な結末に終わることが多いのと同様に、美少年との愛も哀しい結末に終わることがほとんどでした。なかでもヒュア

キントスと、キュパリッソスとの間に起きた事件はよく知られています。
あるとき、アポロンとヒュアキントスは大きな円盤の投げ競べを行なっていました。オリンピックの円盤投げと同じです。
最初に、アポロンが円盤を高々と遠くまで投げました。まさに、アポロンならではの力と技を存分に発揮したわけですが、不幸だったことは、その円盤をすぐ拾うために、ヒュアキントスが円盤が落ちる方へと全力で走ったことでした。
円盤を早く拾って、自分も早く投げたいという気持ちからでしたが、運悪く地面に落ちた円盤が跳ね返って、ヒュアキントスの顔面を直撃したのです。アポロンは慌てて駆け寄って、血を流しながら崩れ落ちたヒュアキントスを抱え起こしますが、さすがの医術の神アポロンでも手に負えませんでした。

一説には、ヒュアキントスに同じく思いを寄せる西風神ゼピュロスが、アポロンへの意趣返しから、突然の風を吹かせて頭に当てたとも言われていますが、いずれにしてもアポロンの投げた円盤が、ヒュアキントスの命を奪ってしまったのです。

身体をなでさすって温めようとしても、流れる血を止めようとしても、薬草を使って死を遠ざけようとしても、どうすることもできませんでした。それほど、ヒュアキントスの傷はひどいもので、そのまま亡くなることがはっきりしていました。

アポロンは「お前の身代わりとなってこの命を捨てることができたなら、一緒に死ぬことができたなら」と嘆きます。しかし神であるアポロンは不死であり、死ぬことなどできません。

そこで、予言の神でもあるアポロンはこう語りかけます。

「お前は新しい花となって、その花びらにつけられたしるしが、私の嘆きを写し取るのだ。また、いつか名にし負う豪勇の士アイアスが、やはりこの花に身を変じ、同じその花びらに彼の名前が読み取れるだろう」

やがてヒュアキントスから流れ出た血から、百合《ゆり》の形のような真っ赤な花が生え出て、その花びらには「ＡＩＡＩ（ああ）」という嘆きの文字が描かれていました。

これが**ヒヤシンスの誕生の物語**です。

糸杉になったキュパリッソス

哀しい結末のもう1人の人物は、ケオス島に暮らすキュパリッソスという美少年です。日ごろから、1頭の大きな牡鹿をとてもかわいがっていました。ところがそんなある日、キュパリッソスが投げた鋭い槍が、あろうことか大好きな牡鹿を刺し貫いてしまったのです。キュパリッソスは「自分も死にたい」と嘆き悲しみます。この少年を愛するアポロンは、懸命に慰《なぐさ》めの言葉をかけますが、どんな言葉も耳に入ることはなく、「いついつまでも嘆いていたい」とアポロンに願い出ます。

やがて、キュパリッソスは糸杉に姿を変え、アポロンはこんな言葉を口にしました。「お前への哀悼《あいとう》は私がするとしよう。その代わり、お前はほかの人たちを悼《いた》み、悲嘆にくれている者たちの友となるのだ」

このことから、**糸杉は墓地に植えられて哀しみを表す木となった**のです。アポロンは恋愛において、愛した人を不幸にすることが多い神様なのです。

豆知識 ものごとの起源を伝える物語を「縁起譚《えんぎたん》」と言います。キュパリッソスの物語は糸杉の、ヒュアキントスの物語はヒヤシンスやヒュアキントス祭の、ダプネの物語は月桂樹や月桂冠の縁起譚です。

事件FILE 09

「カラスはなぜ黒いのか」白をも黒にする神々の愛憎

【アスクレピオス】

医神。光明と予言の神アポロンとコロニスの子。死者を蘇らせる力を持ち、カパネウス、リュクルゴス、グラウコスなど多くの英雄を蘇生させる。蛇の巻きついた杖を持つため、へびつかい座はアスクレピオスの姿だと考えられている。

おしゃべりは、ときに不幸をもたらします。たとえその内容が本当のことであったとしても、相手を怒らせてしまうということがあります。今回はそのような事件をご紹介します。

アポロンは、たくさんの女性に恋心を抱きながら、そのほとんどが不幸な結末に終わっています。そのなかに、アポロンが愛した女性の1人でコロニス（ラピテス族の王プレギュアスの娘）というとても美しい娘がいました。コロニスは「テッサリアの地でコロニスより美しい娘はいない」と言われるほどの美人で、アポロンの寵愛《ちょうあい》を受けていました。

コロニスはお腹に、のちに医術の神と呼ばれるアスクレピオスを宿していました。しかしあろうことかコロニスは、テッサリアの若者イスキュスと浮気をしてしまい、そこを運悪くお

しゃべりな大烏《おおからす》に見られてしまったのです。

当時、烏は雪のように白い翼を銀のように輝かせて、その美しさは鳩にも比肩し、その白さは白鳥にも負けないと言われるほどの美しさ、白さを誇っていました。

浮気を目にした忠義者《ちゅうぎもの》の大烏は、すぐさまアポロンの下へと飛んでいき、事の詳細を報告しました。それを聞いて、愛するコロニスの浮気を知ったアポロンは激怒します。

頭から月桂冠を落とし、顔の色が失せたかと思うと、手にした竪琴の撥《ばち》を置き、手慣れた弓を手に取り、矢を放ってコロニスを射殺してしまいました。

さらに、真実を告げた大烏にも怒りの矛先を向け、白い鳥たちの仲間であることを禁じました。そのため、真っ白な烏は黒い羽へと変わってしまいました。褒賞を当てにしていた烏にとって、忠義立てはときに仇になることを思い知らされた瞬間でした。

感情に身を任せて動く神様

アポロンの放った矢によって、死を運命づけられたコロニスは最期にこう言いました。

「お腹の赤子を生んでから罰を受けることもできましたのに、このままではこの子を道連れにすることになりますわ」

そう言うとコロニスは息絶えます。これに慌てたのは、怒りに任せて矢を放ったアポロンです。医術の神でもあるアポロンは、何とかコロニスを助けることはできないかとあらゆる手を使いますが、すでに手遅れであり、コロニスを助けることはできませんでした。

浮気していることを耳にして、すぐにカッとなり、言い訳も聞かずに矢を放った自らの愚かさを憎くみましたが、もはやどうしようもありません。アポロンはせめてもの気持ちから、コロニスを丁重に火葬することを決めて、準備に取りかかります。しかし、わが子も一緒に焼かれ灰になることに耐えられなくなり、途中で母親の胎内からわが子を取り出したのです。

そしてアポロンは、その子をケンタウロス族の1人であるケイロンのところへ運び、育ててくれるよう頼みました。その子こそがアスクレピオスです。

アスクレピオスは、父アポロンから医術の神になる資質を受け継いでおり、さらに医術に優れたケイロンによって育てられたおかげで、優れた医者へと成長します。しかし、死者をも蘇《よみがえ》らせるほどの力を手にしたことが、ゼウスの怒りを買ってしまい、雷によって殺されてしまいます。

ところが、自分の息子を殺されたことにアポロンが激高したため、**ゼウスはアスクレピオスを星座にして、医術を司る神の仲間入りをさせました。**

それにしても、愛する人に裏切られたことへのアポロンの怒りはわかりますが、後先考えない行動は困りものです。一切の言い訳も聞かずに、恋人を射殺すのもやりすぎなら、事実を教えてくれた烏に対して、「事実を教えたお前が悪い」と言いがかりをつけて、白を黒にする態度はほめられたものではないし、これらの行動においては、おそまつとしか言いようがありません。

人は感情が激高したとき、そのまま言葉にするのではなく、冷静になる時間が必要だと言いますが、それは神様にとっても同じことなのかもしれません。

豆知識
アスクレピオスに死者をも蘇らせる力を授けたのはアテナです。切り取られたゴルゴンの首の左から落ちた血は人を殺し、右から落ちた血は人を蘇らせますが、アテナは右側の血をアスクレピオスに授けました。

事件FILE 10

「愛と裏切りと罰」誰にも信じてもらえない カッサンドラ

【カッサンドラ】

トロイア王プリアモスとヘカベの子。予言の力を持っていたにもかかわらず、神がかった言葉を誰にも信じてもらえなかった。


世の中には、大好きな人に次々と高価な贈り物をあげたにもかかわらず、肝心なところで裏切られて、逆切れをする人がいます。「可愛さあまって憎さ100倍」という言い方もありますが、まさに大好きだったからこそ、裏切られたときには鬼に変わってしまった神様がいます。

トロイア王の娘カッサンドラは、王の娘の中で最も美しい姫として知られていました。そんなカッサンドラに一目ぼれしたのがアポロンです。予言の神でもあるアポロンは、カッサンドラに予言の力を与えるから自分のものになるように迫ります。

人間にとって予言の力は最高の贈り物です。カッサンドラは、喜んでアポロンの要求を受け入れ、そのおかげで予言の力を手に入れます。しかし、その後に心変わりをして、あろうこと

か神であるアポロンとの約束を破り、アポロンの愛を拒絶してしまったのです。

怒ったアポロンは「じゃあ、これまでにあげたプレゼントを返してもらおう」となりますが、一度与えてしまった予言の力は、アポロンでも奪うことはできませんでした。そこで代わりに、**カッサンドラが予言の言葉を口にしても、それを誰も信じないようにする**という何とも残酷な罰を下したのです。

自分が話すことがどんなに正しくても、それを誰も信じてくれないとしたら、これほど悲しいことはありません。それならいっそ、未来など見えない方がいいし、口などきけない方がいいのではと思えるほどの重い罰を、アポロンはカッサンドラに与えたのです。

未来が見えるのに避けられない悲劇

やがてカッサンドラを悲劇が襲います。

トロイア戦争の原因の1つは、トロイアの王子パリスが「パリスの審判」（事件FILE19参照）で、女神アプロディテを勝者にした見返りに、スパルタ王妃を奪って国に連れ帰ったことによるものです。トロイア王の娘カッサンドラはこのとき、パリスの選択が「トロイアを破滅に招く行為である」という予言を口にしています。

このほかにも、オデュッセウスが考案した木馬をトロイアの城内に引き入れることに対しても、カッサンドラはトロイア城の落城を予言し、それをすることに強く反対しています。どちらも正しい予言であり、**カッサンドラは正真正銘の本物の予言者**でした。しかし、アポロンの下した罰により、人々は誰もその予言を信じなかったため、トロイアはその予言どおりに敗れ去ってしまったのです。カッサンドラは、その後の運命も悲しいものでした。

敗北してギリシャ軍に追われたカッサンドラは、アテナの神像のもとに逃れます。しかしギリシャ軍のアイアスによって、無慈悲にも神像から引き離されて犯される（その後、アイアスは神罰により命を落としています）という悲劇に見舞われたばかりか、ギリシャ軍の総大将アガメムノンの戦利品として、捕虜となってしまったのです。

トロイアの王妃として暮らしてきたカッサンドラにとっては、戦利品や捕虜、愛人といった立場は悲しくてやりきれないものでした。ましてや、カッサンドラには未来を見通す力があり、その言葉をトロイアの人々が1つだけでも信じていれば逃れることのできた運命だけに、その悲しみはなおさらでした。

その後、アガメムノンの捕虜となったカッサンドラですが、もちろんその先の未来も見えていました。それはアガメムノンとともに殺されるという運命です。しかし、それを人々に告げても、やはり誰も信じてはくれませんでした。

その結果、悲劇の予言者カッサンドラは、アガメムノンの妻クリュタイムネストラの刃によって、その生涯を閉じることになったのです。

それにしても、アポロンはなんと残酷で罪深い贈り物をしたことでしょう。自分の運命もみんなの運命も見えており、懸命にその運命を避けようと語りかけても誰も信じる者はおらず、結局は運命のままに生きるしかないのですから、いっそ運命など見えない方が、よほど幸せではと思ってしまう事件です。

豆知識

身近な人と意思疎通《いしそつう》ができず、周囲から理解してもらえないことによって生じるとされる「カッサンドラ症候群」は、正しいことを言っても誰からも信じてもらえなかった悲劇の王女カッサンドラに由来しています。

事件FILE 11

「妹を尋ね歩いて」ゼウスに振り回された カドモス

【カドモス】

アゲノルとテレパッサの子。姉妹兄弟にエウロペなどがいる。最期はゼウスの力によって、妻ハルモニアとともに大蛇に変身し、楽園エリュシオン（神々に愛された人々が死後に幸多い生活を営んでいた野原）に送られた。

ヨーロッパという言葉の語源に関しては、いくつかの説があります。その1つは、ギリシャ神話に登場するゼウスが連れ去った、フェニキアの王女エウロペです。

テュロスの地の王であるアゲノルの娘エウロペは、とても美しい娘でした。美しい娘がいるとなれば、いつも登場するのが神々の王ゼウスです。ゼウスはエウロペをわがものにしようと、彼女が海外にいるときに、真っ白な牡牛《おうし》に姿を変えて近づきました。

その牡牛の色は雪のように白く、その姿はとても美しいものでした。あまりの美しさに感嘆したエウロペは、最初は恐る恐る牛に近づきますが、優しく戯《たわむ》れるうちにすっかり気を許し、思い切って牛の背中に乗ってみました。

その瞬間、牡牛（ゼウス）はエウロペを背中に乗せたまま一気に海へと走り出し、怖がるエウロペに構うことなく、どんどん海原を突き進んでいきました。やがてクレタ島にたどり着いたゼウスは、正体を明かして娘と交わり、のちにクレタ島の王として活躍するミノスら3人の子どもを生ませています。

ゼウスからしてみれば、いつものように気に入った娘をあらゆる策を講じて、わがものにしただけですが、こうした神々の勝手気ままに振り回されるのは、いつも人間です。

ゼウスが勝手に娘を連れ去ってしまったため、残された両親や兄弟たちは当然嘆き悲しむことになります。なかでも最も苦労をしたのが、アゲノルの息子でエウロペの兄妹であるカドモスです。

アゲノルは突然失踪した娘を探すために、カドモスたちにこう命令しました。

「妹を見つけないうちは決して帰国してはならない」

この命令により、カドモスたちは何のあてもなく諸国を放浪することになったのです。

ゼウスも神様であれば、せめて「俺が連れ去った」くらい教えてくれても良さそうなものですが、神様にとっては人間がどんなに嘆こうが困ろうが、あまり関係はなかったのかもしれません。カドモスはその後、世界中を探し回ったものの妹を見つけることはできず、かといって国に帰ることもできずに困り果てていました。

牛にひかれてテバイへ

カドモスは、ギリシャのデルポイの地にあるアポロンの神託所で、「どうすれば妹を見つけることができるのか」と問いかけます。すると、こんな答えが返ってきました。

「1頭の牛が寂しい荒野でお前と出会うだろう。この牛を案内人として、旅を続けるのだ。牛が休んだ草原に市壁を築き、都市を建設せよ」

つまり、妹を探す旅はやめて、国に帰らずに都市を自分で築きなさいということです。日本に「牛にひかれて善光寺参り」という話がありますが、カドモスも出会った牛の後をついて歩いて行ったのです。

やがて牛はボイオティアの地を通って、のちのテバイへとたどり着きます。カドモスは神に捧げるための泉の水を部下たちに汲みに行かせますが、そこには軍神アレスの竜が住みついており、部下たちは竜に殺されてしまいました。

自ら泉へ赴いたカドモスは、竜を殺したのち、女神アテナの助言に従って竜の歯を地面に播《ま》くと、そこから武装した戦士たちが現れ、お互いに戦い始めました。そしてカドモスは、最後に生き残った5人をスパルトイ（播かれた男）と呼び、テバイの最初の市民としました。

その後、カドモスは竜を殺した罪を償うため、アレスに8年間仕えた後、アテナの助けを得て、テバイの王となりました。また、**カドモスはギリシャに文字をもたらしたとも伝えられています。**

そもそもこうなった元凶は、自分の都合だけで動いたゼウスです。そしてそれに困惑し、振り回されたのは人間です。すべてを見通すゼウスも人間の困りごとは見通せなかったか、あるいは関心がなかったのかもしれません。

豆知識
カドモスはゼウスによって散々振り回された挙句にテバイの王となります。ゼウスは罪滅ぼしなのか、カドモスにアレスとアプロディテの娘ハルモニアを妻として与え、神々の参列する盛大な結婚式を催しています。

事件FILE 12

「浮気の手口」ゼウスに騙された アルクメネ

【アルクメネ】

英雄ヘラクレスの母親。ヘラクレスの死後はヘラクレスが生んだ子孫たちとテバイに住み、長生きしたのち、この世を去った。死後は幸福の島に運ばれてラダマンティス（ゼウスの子で死後の冥界の裁判官）の妻になったとの伝えがある。

狙った獲物は絶対に逃がさないのが、神々の王ゼウスです。ただし、そのやり方が神様らしい威厳に満ちたものならいいのですが、何とも小賢《こざか》しい手段を使って事件を起こします。

ギリシャ神話で有名な英雄の1人であるヘラクレスの母親は、アルクメネという人間の女性です。アルクメネはミュケネの王エレクトリュオンの娘で、夫はアムピトリュオンです。

夫のアムピトリュオンが、「兄弟の仇を討たない限り結婚しない」というアルクメネとの約束を果たすため、戦争に出かけていたときのことです。アルクメネに一目ぼれしたゼウスは、たとえ神である自分が言い寄ったとしても、貞操堅固《ていそうけんご》なアルクメネは絶対に受け入れないことを知り、アムピトリュオンが戦争に出かけている隙に、なんとアムピトリュオンに変身して、

アルクメネのところへとやってきたのです。

　そのとき、すでに戦いに勝利して約束を果たした本物のアムピトリュオンは、意気揚々と故国へと向かっていました。ゼウスはさらにここで、とんでもない策を巡らします。

　太陽神ヘリオスに命じて、3日間空に登らないように言いつけたのです。つまり3日間は夜が明けることはなく、ずっと長い夜が続くことになります。

　アムピトリュオンになりすましたゼウスは、アルクメネのところへ行き、戦いの様子や自分のあげた手柄について、実際にあったとおりのことを話して聞かせました。神様なので何でもお見通しなのです。

　ゼウスをアムピトリュオンと思い込んだアルクメネは、処女の身体を3日3晩（実際には長い夜）ゼウスに任せ、その結果、ヘラクレスを懐妊することになったのです。

周囲も迷惑する浮気癖

ゼウスが天界へと帰った後、アルクメネのもとへ本物のアムピトリュオンが帰ってきます。ようやく約束を果たしたアムピトリュオンにとって、その日は愛するアルクメネとの初めての夜でした。

その夜、戦いの様子や手柄についても、たっぷりと話して聞かせました。ところが、どうもアルクメネの様子がおかしいのです。

初夜の感激もなければ、戦いの話をしても驚きも感動もないのです。おかしいと思い、アムピトリュオンが問い詰めると、すでに聞いた話ばかりであり、アムピトリュオンとも一夜をともに過ごしたというのです。

これに驚いたアムピトリュオンは、テバイの名高い予言者テイレシアスに、一体何があったのかを尋ねました。すると、ゼウスの所業を聞かされたのです。激情に駆られて、一時はアルクメネを殺すことも考えましたが、神の力によってそれは果たせず、やむを得ず妻を許します。

しかしその後は、二度とアルクメネと一緒に寝ることはありませんでした。

ゼウスの「目的を達成するためならなんでもやってみせる」という執念は見事なものです。もしかしたら読者の中にも、ゼウスのこの執念を見習いたい人がいるかもしれませんが、ゼウスの場合は目的そのものが「？」です。さらに、それに振り回される人々や神々もいて、たまったものではありません。

アムピトリュオンは、愛する妻を事実上奪われたわけですし、ゼウスとアルクメネの子どもであるヘラクレスも苦労を背負い込むことになりました。ただし、こちらをもたらしたのはゼウスの妻ヘラです。

ゼウスが、またも自分以外の女に子どもを生ませることに我慢がならず、ヘラはヘラクレスの誕生を遅らせたり、赤子のヘラクレスが寝ている部屋に毒蛇を放つなど、さまざまな嫌がらせを行います。しかし、そこで**ヘラクレスは蛇を絞め殺すなど、幼くして無双ぶりを発揮**しています。

ゼウスとヘラの夫婦が喧嘩するたびに、神々や人々はそれに振り回され、とんでもない迷惑を受けることになるのです。

豆知識 事実を知ったアムピトリュオンは凱旋の日以来、一切夫婦の交わりは持ちませんでしたが、一度の性交で生まれたのがイピクレスというヘラクレスの双子の弟です。しかし、所詮《しょせん》は人間の子であり兄には及びませんでした。

神様・英雄紹介 2

【アポロン】

ギリシャ神話を代表する神様の１人。絶世の美男子で弓矢と竪琴を携《たずさ》える。ゼウスとレトの子どもで、アルテミスとは双生児。デロス島で生まれ、音楽、弓術、予言、医術、牧畜などを司り、ときに人や家畜に疫病をもたらす、怒れば恐ろしい神でもある。

美男子であるだけに恋にまつわる話も多く、本書で紹介したほかにも、マルペッサという娘に恋をして、失恋した話がある。

マルペッサに恋をしたアポロンだが、イダスも彼女に恋をしており、イダスはポセイドンに与えてもらった空飛ぶ戦車で、彼女をさらってしまった。アポロンが後を追いかけて、イダスと戦おうとしたとき、ゼウスが仲介に入り、マルペッサにアポロンとイダスのどちらを取るか選択をさせた。するとマルペッサは、自分が歳をとったときにアポロンは捨てるであろうと考えイダスを選んだ。

恋にまつわる話は悲劇的な結末に終わることも多いが、ギリシャ人はアポロンを男性美の化身であり、美青年の理想そのものと考えていただけに、美術作品にも多く登場する有名な神様の１人である。

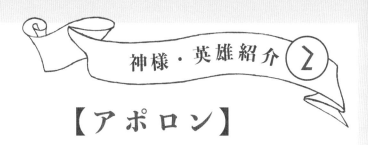

第3章

怒りと制裁の事件簿

事件FILE 13

「死ぬまで続く嫌がらせ」栄光と影を背負う

ヘラクレス

【ヘラクレス】

半神半人の英雄の中で最大の存在。ゼウスとアルクメネの子。数々の試練を与えられ、12の功業を成し遂げたことで知られる。死後は、生前苦しめられ続けたヘラと和解して神となった。

1章でもお伝えしましたが、ゼウスのような浮気性の男を夫に持つと、奥さんが大変な苦労をするのはよくわかります。とはいっても本来、その怒りは夫であるゼウスに向けるべきところなのに、ヘラの場合、ほとんどは愛人たちやその子どもへと向かうから困りものです。しかもゼウスはゼウスで、いい女を見つければ、ヘラが怒ったとしても構いはしないと、妻の気性を承知で浮気をするだけに厄介です。その結果、たくさんの子どもや愛人がヘラの嫉妬から来る怒りの犠牲になったのですが、その犠牲者の中には、英雄ヘラクレスも含まれていました。ヘラクレスはゼウスとアルクメネ（ペルセウスの孫）の子です。

ヘラの怒りは、ヘラクレスが生まれる前から相当のものでした。ゼウスは、わが子が生まれ

る前に「ペルセウスの後裔《こうえい》の1人で、アルゴスの王者となるべき子が生まれようとしている」と、ヘラクレスのことを生まれながらの王であると宣言しました。

これに怒ったのがヘラです。ヘラはゼウスに、その言葉に間違いがないことを誓わせたうえで、まずヘラクレスの誕生を遅らせました。そして、ヘラクレスとは別の母親の胎内にいた、ペルセウスの孫にあたるエウリュステウスを妊娠7ヶ月目にもかかわらず、ヘラクレスよりも先に生まれさせたのです。

その結果、やはりペルセウスの血を引くエウリュステウスは、ゼウスの予言どおりに王となります。しかし、ヘラクレスとは似ても似つかぬ腰抜けで、ヘラクレスがエウリュステウスの難題をクリアして、怪物たちを持ってくるたびに、青銅製の大甕《おおかめ》に逃げ込むほどの情けない王でした。

ヘラの嫉妬からくる怒りは、ヘラクレスにとっても迷惑な話でしたが、その素質もないのに無理に王にさせられたエウリュステウスにとっても大迷惑になってしまいました。

こりずに、ヘラの嫉妬からの嫌がらせは続きます。ヘラクレスはテバイの地のためにオルコメノス王を討ち取り、テバイの王女メガラと結婚して子どもが生まれますが、ヘラによって発狂させられてしまいます。発狂したヘラクレスは、愛するわが子を敵と勘違いして、1人残らず殺してしまいました。さらにその後の12功業でも、多くの妨害をヘラから受けています。

亡くなってからようやく和解

12功業の1つで、エウリュステウスからアマゾンの女王ヒッポリュテの帯を持ってくるように命じられたヘラクレスは、女戦士だけの国アマゾンへ向かいます。ヘラクレスが港に入ると、ヒッポリュテは自ら出迎え、帯を与える約束をします。しかし、事がスムーズに進むことに我慢のならなかったヘラは、アマゾンの女戦士の1人に変装してこう叫びます。

「異邦人が女王をさらおうとしている」

この声を聞いた女戦士たちが、女王を助けるために武装し、馬に乗って向かって来ます。その様子を見て騙されたと勘違いしたヘラクレスは、女王を殺して帯を奪い、女戦士たちを打倒して出航しました。このように結果的にヘラは、アマゾンの女王や女戦士にも大迷惑をかけることになったのです。

この策がうまくいかなかったヘラは、さらに策を巡らせます。ヘラクレスは、ゲリュオンが飼っている牛の群れを連れてくるように命じられ、牛の群れをイオニア海へと追っていきます。しかしここで、ヘラが牛の群れに虻《あぶ》を送り込んだため、牛の群れは散り散りになってしまいました。

その後、どうにか牛を集めたヘラクレスは、10個目の難題を達成します。

それにしてもヘラの嫉妬深さ、嫌がらせの執拗さには驚くばかりです。

そんなヘラでしたが、ヘラクレスの死後、そもそもの原因をつくったゼウスの勧めで和解し、ヘラは出産を真似た儀式によりヘラクレスをわが子としたうえで、オリュンポスの女神の中でもとびきりの美人ヘベと結婚させています。

ヘラクレスの人間としての死によって、ようやくヘラの嫌がらせも終わりを告げ、ヘラとヘラクレスは家族となったのです。

豆知識 ヘラクレスには多くの子どもがいます。ヘラクレスの死後、エウリュステウスはその子どもたちを迫害しますが、最後はヘラクレスの子どもであるヒュロスによって討ち取られています。

事件FILE 14

「うぬぼれは罪」引き裂いて吊るす

アテナ

【アテナ】

知恵と戦いの女神。ゼウスとメティスの娘だが、ゼウスの頭から黄金の武具に身を固めた完全武装の姿で生まれたと言われている。機織りが得意で技芸芸能の女神であり、処女を守り通した女神でもある。オリュンポス12神の1人。

アテナは知恵や戦略のほかに、芸術や工芸の神様でもあります。**なかでも古代ギリシャで女性たちの大切な仕事の1つだった機織《はたお》り**は、アテナがいつも気にかけ、その発展に心を尽くしていた分野でした。

ところが、そんなアテナのことをないがしろにしたのが、織物の名手として知られる、リュディアの地のアラクネという女性でした。アラクネは身分が低い家の生まれでしたが、その名声はリュディアの町々にとどろき、トモロス山のニンフや、パクトロス河の水の精たちさえもその技を見るために持ち場を離れるほどでした。

これほどの技を与えたのはアテナである、というのがみんなの見解でしたが、アラクネ自身

はそれを否定し、こう言い放っていました。

「女神さまも、私と技を競われたらよいのだ。私が負けたら、私をお好きなようになさるがよい」

なんという自信でしょうか。こんなアラクネに対して「私を敬うことを忘れた奴が、懲罰を加えられないのは許せない」と怒りの火を燃やしたのが、ほかならぬアテナです。

老婆に変身したアテナは、アラクネを訪ねてこう忠告しました。

「世に機織りの高名を求めるのもよいが、女神には一歩譲らなければならない。うやうやしく許しを請《こ》えば、女神も許しを与えるだろうから」

ところが、アラクネは老婆に悪態をついたばかりか、「女神さまはどうして私との技比べを避けるのか」とまで言い放ったのです。ここまで言われては、アテナも見過ごせません。

アテナはアラクネの前に本当の姿を現します。しかし、それでも一向に怯《ひる》まないアラクネを見たアテナは、技比べを受けて立つことにしたのです。2人の腕は見事なものでした。


アテナは、オリュンポス12神とその神々にこらしめられた人間の話を、織物の四隅に描き出したのに対し、アラクネは神々と人間の女との恋模様を描き出しました。

アテナはこの織物で、神々に狂気じみた蛮勇をふるうと、どんな罰を受けるのかをアラクネに教えようとしました。しかしアテナとは反対に、アラクネは神々の行なった蛮勇を描き出して、むしろ神々を侮辱したのです。

絶対に侮辱を許さない

その出来栄えは、どちらも見事としか言いようがありませんでした。とはいえ、ここまで神々を侮辱するアラクネを許すわけにはいきません。アテナはアラクネの織物を引き裂いただけでなく、手にしていた黄楊《つげ》の杖でアラクネの額を3度、4度と打ったのです。

その責めに耐えられずアラクネは首をくくりましたが、アテナはアラクネの身体を抱き上げてこう言いました。

「腹黒い娘さん、生きてだけはおいでよ。でも、ぶら下がったままでいるのよ」

アテナの術により、アラクネは蜘蛛《くも》に姿を変えてしまいました。そして蜘蛛は、今も自分の出す糸にぶら下がって、空中でせっせと機織りを続けているのです。**蜘蛛はギリシャ語でアラクネと言いますが、その由来はアテナに勝負を挑んで怒らせてしまった、おそまつな女性アラクネの名前から来ています。**

それにしても、自分と変わらぬほどの技を持っている少し生意気な女性を、怒って蜘蛛に変えてしまうなんて、アテナもかなりの短気者です。もう少し広い心をもって、アラクネを教え導けばいいのにとも思ってしまいますが、神々に傲慢な態度をとった者は、どうしたって許されないのです。

そんな寛容さのかけらさえ持ち合わせないのも、アテナの魅力なのかもしれません。

豆知識

動物学で蛛形《ちゅけい》動物は「アラクニダ」と呼ばれますが、これは蜘蛛に変えられたアラクネに由来します。哀れにも思えますが、蜘蛛自体は日本を含めて世界的に「神の使い」と考えられる大切な存在でもありました。

事件FILE 15

「母親の愛」その悲しみが世界を滅ぼす

デメテル

【デメテル】

農業の女神。大地を守り、穀物の豊穣を司る。クロノスとレアの娘。ゼウスとの間に生まれたペルセポネを「冥界の王」ハデスに奪われたことを悲しみ、天界を捨て、各地を探し歩いた話で知られている。オリュンポス12神の1人。

日本でも、雨乞いの儀式や五穀豊穣《ごこくほうじょう》を願って、神様にお願いすることがよくあります。ことギリシャ神話においては、大地の作物の神様であるデメテルが機嫌を損ねてしまったことで、一切の作物が実らなくなり、たくさんの人々が苦しむことになりました。

デメテルを怒らせる原因をつくったのは、ゼウスと死者の国の支配者ハデスです。ハデスはゼウスと兄弟ですが、すべてはそのハデスが1人の乙女に恋をしたところから始まります。

ゼウスとデメテルの間には、ペルセポネという美しい娘がいました。そのペルセポネに恋をしたハデスは、ゼウスの協力を得て、ペルセポネがシチリアの野で花を摘んでいるときに、突然地底から現れます。そしてペルセポネをさらい、死者の国へと連れ去ってしまいました。

驚いたペルセポネは、悲しげな声で仲間の名前、なかでも母親であるデメテルの名前を呼び続けました。その声は母親の耳にも届きました。

愛する娘の身にとんでもないことが起きたことを知ったデメテルは、すぐに外へと飛び出し、松明を手に9日間も不眠不休で世界中を駆け巡って娘を捜しますが、どこにもその姿はありません。なぜなら自分の娘は、容易には神も人も立ち入ることのできない死者の国にいたのですから、どこを探しても見つかるはずはありませんでした。

10日目、デメテルは太陽に聞けば何かわかるのではと思い、太陽神ヘリオスに娘の身に何が起きたのかを尋ねました。

すると太陽神は、ハデスがペルセポネに一

目ぼれして死者の国へと連れ去ったこと、さらにゼウスも加担していることを教えてくれました。ペルセポネはゼウスとデメテルの子どもです。そんなかわいいわが子を、いくら一目ぼれしたからといって、母親に無断で連れ去らせるなんて絶対に許すことはできません。

これに怒ったデメテルは天界を捨て、老婆に姿を変え、地上を放浪し始めたのです。

冬に作物が実らなくなった理由

ある日、老婆となって地上を放浪していたデメテルは、喉の渇きを癒やそうと一軒の家の戸を叩き、1杯の水をもらいました。デメテルが水を飲んでいるのを見て、1人の少年が嘲笑《あざわら》うように「がつがつした婆さんだな」と言ってしまいます。怒ったデメテルが飲み残しの水を少年に浴びせると、少年はまたたく間に「まだらとかげ」へと姿を変えてしまいました。

別の日、エレウシス王ケレオスの館に乳母として住み込むことになったデメテルは、一家から受けた親切に報いるため、王子デモポンを不死の身体にしようと、アンブロシアを身体に擦り込んでは火に入れて、死すべき部分を焼いていました。そこを王妃メタネイラに見つかり、悲鳴を上げたのに驚いて、デメテルは思わず王子を火の中に落としてしまいました。そこでデメテルは、その場で女神の姿を現し、自分が誰であるかを告げたのです。

デメテルはケレオスに、自分のための神殿を建てて崇《あが》めるように伝え、その子トリプトレモスには、麦の栽培を人間に教える役目を与えました。

このように、デメテルは天界に戻ることなく地上を放浪し続けます。


一方で、デメテルが天界に不在の間、人々は土地を耕して種を蒔いても、大地から収穫を得ることができなくなったために大いに困りました。なかでも、娘がハデスにさらわれた地シチリア島の被害は大きく、一切の実りを得ることができないため、街そのものが滅びる寸前にまで追い込まれたのです。

困り果てたゼウスは、ハデスにペルセポネを地上に戻すように命じますが、ペルセポネは冥界《めいかい》でザクロを食べたため、冥界の掟によって帰ることができませんでした。そこでゼウスは1年の3分の1はハデスと冥界で暮らし、3分の1はデメテルと、そして3分の1は好きな場所で暮らせるようにしました。

これにより、デメテルの怒りはおさまりましたが、**1年の3分の1はペルセポネが冥界で暮らすため、その間（冬の間）は作物が実らなくなりました。**

怒らせてはいけない神様の怒りで、大迷惑を被ったのは人間なのです。

豆知識
デメテルは娘を探してさまよっている間に、ほかにも穀物と大地の女神らしく水車を発明し、豆やイチジクの栽培を教え、またトリプトレモスに竜車を与え、麦の栽培を世界に広めるべく旅立たせてもいます。

事件FILE 16

「我を崇めよ」従わない者には残酷なディオニュソス

【ディオニュソス】

別名を「バッカス」とも言う、ギリシャの酒神。ゼウスとテバイの王女セメレの子。ディオニュソスの激しい祭儀はギリシャ演劇の発生とも深く関わっている。

ギリシャの神々は自らを侮辱した者や、分際をわきまえない者には容赦ない罰を与えます。それはディオニュソスも同様で、自らの信仰を疑ったり、信仰に従わない者たちには容赦ない罰を加えています。

ディオニュソスの母親はテバイの王女セメレです。父親はゼウスであり、ゼウスの太ももで育てられたことで、生まれたときから正真正銘の不死の神となっています。しかしその一方で、ゼウスの妻ヘラには恨まれています。

成長したディオニュソスがブドウの木を発見して、お酒をつくる方法を考案したことを知ったヘラは、烈火のごとく怒ってディオニュソスを発狂させました。狂ったディオニュソスは各

地をさまよい歩いた末に、プリュギアの女神キュベレのところにたどり着き、そこでレアによって救われています。

さらにレアは、ディオニュソスに秘教の儀式を教えますが、ディオニュソスはその儀式に自分なりの工夫をこらし、ディオニュソスの信仰に帰依《きえ》したバッカイ（ディオニュソスの別名にちなむバッカスの信女たち）とともに、各地を巡るようになりました。

バッカイたちは奇妙な格好で踊り狂い、不思議な怪力を発揮して、獣たちを素手で捕まえ、その肉を食らうという、普通の人から見ると奇妙奇天烈《きみょうきてれつ》な宗教でした。

こうした新興宗教に見えるものは、いつだって弾圧や偏見の対象になりがちですが、ディオニュソスもトラキアの地でドリュアスの子、リュクルゴス（エドノス人の王）から迫害を受け、信者たちも捕らえられました。そこでディオニュソスは、神の力でリュクルゴスを発狂させ、自分の子どもを打ち殺させたばかりか、最後には人民によって身体を八つ裂きにされる、という残酷な罰を下しています。

各地で猛威をふるう神様

やがて、アジア各地に信仰を広めたディオニュソスはギリシャへと帰還します。最初に訪れたのは故郷テバイで、その地の王はペンテウスでした。ペンテウスの母アガウエは、ディオニュソスの母セメレの姉ですから、2人は従兄弟という関係にあります。

テバイの女性たちは、たちまちバッカスの信者となり、アガウエまでもがキタイロン山中で祭りに熱中するようになりました。これに激怒したペンテウスは、その信者たちを連れ戻すよう命令しますが、なぜか縛った縄が自然とほどけるなど、信者たちを連れ戻せません。

そして、ペンテウスは自ら山中へと入りますが、すっかり狂信者となっていた母アガウエや信者の女たちによって、八つ裂きにされてしまいます。この出来事に驚くテバイの人々に、ディオニュソスは自らが神であることを明かした後、次の地アルゴスへと向かいました。

アルゴスの地では、やはり多くのアルゴス人がディオニュソスを敬わないのに怒って、多くの女たちを狂わせ、自分たちの乳飲み子を八つ裂きにして、その肉を食べさせるという罰を下しています。

さらにミニュアスの地では、ディオニュソスの言葉に従おうとしない3人の王女たちをコウモリ、フクロウ、ミミズクに変身させてしまうなど、自らを信じない者、神として崇めない者に対しては、容赦ない罰を下し続けています。

また、ナクソス島へ渡ろうと海賊船に乗ったところ、海賊たちがディオニュソスを奴隷として売ろうとしたため、帆柱と櫂《かい》を蛇に変え、船を蔦《つた》で満たしました。これに驚き、狂って海に飛び込んだ海賊たちがイルカになったとも言われています。

こうして見てみると、**ディオニュソスは何とも残酷な神様に思えますが、その背景にはディオニュソスが新しい神だったということが影響しています。**

ディオニュソスは早く神様として崇められる存在になろうと、少し頑張りすぎたのかもしれません。それと同時に、お酒には人を狂わせる力もあるとした、ちょっとした教訓もそこには込められているのでしょう。

「お酒はほどほどに」もディオニュソスの教えの1つかもしれません。

豆知識

ディオニュソス的なもの（陶酔的・創造的衝動）とアポロン的なもの（形式・秩序への衝動）はしばしば対立するものと考えられています。この考えのきっかけは、ニーチェの『音楽の精神からの悲劇の誕生』でした。

事件FILE 17

「罰当たりな偽誓」復讐の鬼と化した神様たち

【ラオメドン】

トロイアの地の王。プリアモス（カッサンドラの父親）やヘシオネなど数多くの子どもがいた。最後はヘラクレスによって殺された。死後、その墓はトロイアの門の上につくられ、墓が乱されない限りトロイアは安泰であると伝えられていた。

アポロンは音楽や医術、弓術、予言や牧畜など、人々にとっては守り神的なイメージの強い神様ですが、一方で怒らせてしまうと、とても怖い復讐の鬼になることもあります。

かつてアポロンは、ポセイドンやヘラ、アテナたちと共謀《きょうぼう》してゼウスを鎖で縛り上げ、空から吊り下げようという大胆な計画に加担したことがあります。しかしこのときは、テティスの願いによって、百手巨人のアイガイオンたちがゼウスを守り、ゼウスは事なきを得ました。

問題だったのはその後です。アポロンとポセイドンは、神々の王ゼウスに反旗を翻《ひるがえ》した罪で、トロイアの地の王ラオメドンのために、城壁を築くようゼウスから命じられました。

日本の江戸時代、徳川幕府は各藩に命じて城や石垣を築かせていますが、人間に姿を変えた

アポロンとポセイドンも、城壁を築くという大変な仕事に駆り出されたことになります。

もっとも、日本の場合は費用はすべて各藩持ちになりますが、アポロンとポセイドンは築城の謝礼として、トロイアの王からちゃっかり黄金を受け取る約束をしていました。

ところが無事に築城を終え、ゼウスに対する贖罪《しょくざい》も終わったことで、2人が王に対して約束の報酬を支払うように要求したところ、王は支払いを拒否しました。

「約束が違う」と2人が抗議したところ、王は「耳を切って奴隷として売り飛ばすぞ」と脅しました。これは、神を相手に虚言と偽誓を重ねたことになります。怒った2人は、神の姿に戻ったうえで「ただではすまさないぞ！」と宣言しました。

神様との約束を破ってしまったら

海の王者ポセイドンは、ありとあらゆる水をトロイアへと向かわせました。今でも水害を受けた町は、見る影もないほどズタズタにされますが、トロイアの町は一面水浸しとなり、田畑は水におおわれ、せっかく育てた作物はすべてダメになってしまいました。

ポセイドンの怒りはそれでもおさまりません。さらに、王の娘を海の怪物の生贄として差し出すように要求しました。このときは幸いにも、英雄ヘラクレスによって救われることになりました。しかし、トロイアの王は娘を救ってくれた見返りとして、ヘラクレスに約束の駿馬《しゅんめ》を渡すことを拒否しました。その結果、ヘラクレスの怒りも買うことになってしまったのです。

ポセイドンとともに王に裏切られたアポロンも、もちろん復讐をします。

アポロンは、医術の神として人々の命を救う力を持っていますが、同時に疫病《えきびょう》の神でもあります。**ときにペストなどの疫病を運ぶネズミと関連づけられて、「ネズミのアポロン」と呼ばれることもある**ほどですから、その力は絶大です。

アポロンはケチな王に復讐するために、水害に襲われたトロイアにさらに疫病を送って、人々を苦しませました。洪水や津波で町が水浸しになった後に、その町で疫病が発生することはよくありますが、トロイアでもポセイドンとアポロンという2神を怒らせたことで、水害と疫病によって大いに苦しむことになったのです。

ギリシャ神話に限ったことではありませんが、**神との約束、あるいは神を仲立ちとした約束には強い拘束力があります。**

ちなみに、日本でも「起請文《きしょうもん》」という、人と人とが約束をする際に神仏に誓う文書があり、その約束を破れば神仏の罰を受けるとされていました。

いずれにせよ、トロイア王は偉大な2神との約束を破ったのですから、重い罰を受けるのも当然と言えます。王に言わせれば、そのときは神と知らなかったのかもしれません。しかし、王が約束や誓いを平気で破る人物だったことが、のちにトロイア国が滅亡したきっかけの1つなのかもしれません。

神が報酬をくれないからと怒るのも、何ともおそまつな行為と言えますが、いずれにしても2神は、怒らせるとすごく怖い神様でもあったのです。

豆知識 ヘラクレスに娘ヘシオネを救ってもらったラオメドン王ですが、ここでもヘラクレスの使者を投獄、殺そうとしています。ただ1人反対したのが子どものプリアモスで、ヘラクレスがトロイアを攻略したのち王位に就いています。

事件FILE 18

「神への冒涜」トロイア戦争のギリシャ軍総大将アガメムノン

【アガメムノン】

トロイア戦争でのギリシャ軍の総大将。父はアトレウス（ギリシャ神話内の英雄）で妻はクリュタイムネストラ。トロイア戦争に勝利した後、帰国したときに、妻と愛人の手によって命を落としている。

ギリシャの神々は自らを崇めないとか、軽んじる、あるいは約束を守ろうとしない人間に対しては、いつも厳しい罰を与えるのを常としています。

トロイア戦争はギリシャ人の既述によれば、紀元前1184年に起こったとされていますが、そこにはたくさんの英雄が登場するだけでなく、神々もいろいろな形で関わっています。

英雄アキレウスやオデュッセウスを擁《よう》するギリシャ軍が、いよいよトロイアに向けて出航しようとしたところ、航海に必要な風がぱたりとやみ、船は港を出ることも進むこともできなくなりました。

そこで総大将のアガメムノンが、カルカスという高名な予言者に風がやむ理由を尋ねたとこ

ろ、こんなことがわかりました。

風がぱたりとやんだ理由は、アポロンの双子の姉で、狩猟と純潔の女神アルテミスの怒りを、アガメムノンが買ったためでした。

何がアルテミスの怒りにつながったかというと、軍勢の集結を待つ間に狩りに出かけたアガメムノンが、見事な牡鹿を射止めた際に「狩りの腕前ではアルテミスよりも自分の方が上だ」と、神を見下すようなことを言ったからでした。

アポロンもそうですが、神は「神よりも自分の方が上だ」という傲慢《ごうまん》な人間を許すことはありません。そのうえさらに、アルテミスは人身御供《ひとみごくう》を要求する神としても知られています。

そして予言によれば、アガメムノンの娘イ

ピゲネイアを犠牲に捧げなければ、風は絶対に吹かないというのです。

これを知ったアガメムノンは、娘を祭壇の上に乗せて、剣を振り下ろします。その瞬間、娘を哀れに思ったアルテミスは、祭壇から娘をさらいました。そして、娘の代わりに牝鹿を置いたことで、アガメムノンの剣は娘ではなく牝鹿を突き殺しました。しかしその場にいた誰もが、その一瞬の出来事に気づかなかったため、「アガメムノンがギリシャ軍のために愛する娘を神に捧げた」と信じ、全軍の士気は大いに高まることになりました。

その結果、航海に必要な風は吹き始め、ギリシャ軍の大船団はトロイアへ向けて出航することになったのです。

傲慢な人間は決して許さない

長編叙事詩『イリアス』の中で、総大将のアガメムノンは「アキレウスよりは劣った、勇敢だが決断力のない、利己的な人物」として描かれています。実際に彼は、傲慢な物言いでアルテミスを怒らせたように、アポロンの怒りも買っています。

トロイアへと遠征したギリシャ軍がテバイの地を攻めた際、たまたまそこに居合わせたクリュセイスが捕虜となり、分捕り品の分配でアガメムノンに与えられました。

クリュセイスはアポロンの神官クリュセスの娘であり、クリュセスが「身代金を払うから娘を返してほしい」と願ったにもかかわらず、アガメムノンはその願いを冷たく拒絶しました。

前述の話で、アガメムノンが自分の娘を神に捧げようとした際には、アポロンの姉アルテミスが娘を哀れに思って救い出していますが、アガメムノンはアポロンに関わるクリュセスの娘を開放することは、冷酷にも拒否したのです。

このことに怒ったクリュセスは、アポロンに復讐を願います。

クリュセスの願いを聞き入れたアポロンは、かつてトロイアに疫病を送り込んだように、ギリシャ軍にも疫病を送り込み、大いにギリシャ軍を苦しめました。困り果てたアガメムノンは、やむなくクリュセイスを父親に返します。しかしその代わりに、同じ軍のアキレウスの女ブリセイスを奪ったことで、**今度はアキレウスとの間に不和が生じることになった**と言われています。

神を冒涜《ぼうとく》したり、うかつに怒らせたりすると、たとえ英雄であっても、またたく間に窮地に追い込まれることになるのです。

豆知識

「英雄色を好む」とはいえ、アガメムノンの場合は英雄アキレウスからブリセイスを奪ったことで、ギリシャ軍の大敗北を招く失態を演じています。怒ったアキレウスは戦線を離脱、アガメムノンとの和解さえ拒んだのです。

神様・英雄紹介 3

【ヘラクレス】

ギリシャ神話最大の英雄。ゼウスとアムピトリュオンの妻アルクメネとの間に生まれた子。ヘラクレスは有名な12功業（事件FILE36参照）を含め数々の伝説、功績を残した。地中海全域を旅して活躍したので、ヘラクレスにまつわる神話は各地で語り継がれている。

ヘラクレスはまた、多くの神々とも戦った。ヘラクレスは発狂して、信頼してくれていたイピトスを殺害してしまったために大病にかかり、その治癒法をアポロンの聖地デルポイの神託で伺ったが、教えてもらえなかった。そのため神殿を略奪し、自分の神託所を建てようとした。これにアポロンが怒って両者は戦ったが、ゼウスが彼らの間に雷霆《らいてい》を落とし引き分けた。

また、ピュロスの地を攻める際にも神々と戦っている。ピュロスの地の王ネレウスには、ペリクリュメノスという長子がおり、彼は海神ポセイドンによって授けられた「身を自由に変化できる力」を持っていた。そのためヘラクレスに対し、蛇や鷲などに変身して応戦したが、最後に蜜蜂になったところをアテナの助言により発見され、射殺されたという。またこのペリクリュメノスとの戦闘の間に、ヘラやアレス、ハデスらとも戦って傷つけたとされる。

こうして数々の功績を残してヘラクレスは亡くなるが、死後はヘラとも和解し、神として天上に迎えられている。

第4章

意地とプライドの事件簿

事件FILE 19

「最も美しいのは誰か？」トロイア戦争の発端となった事件

【エリス】
不和・争いの女神。ヘシオドスの『神統記』では、人間を痛めつける諸悪の母とされているが、『仕事と日』では「争い」には2種類あり、悪い意味のほかにも、例外的に良い意味での「競い」もあることが示されている。

「最も美しいのは誰か？」ということは、いつの時代も女性にとって関心のあるテーマです。そして、できることならその座につきたいというのは、人間も神様も変わりはありません。

トロイア戦争の発端は、女神テティスと人間ペレウスの結婚式で起きた事件です。すべての神々が結婚式に招待されましたが、ただ1人、不和の女神エリスだけは招かれませんでした。

結婚式の祝辞では、「別れる」や「割れる」といった言葉が忌み嫌われるように、たしかにめでたい席に不和の神はふさわしくありません。しかし、仲間外れにされたエリスは面白いわけがありませんでした。

怒ったエリスは、浮かれている神々に争いを起こすべく、黄金のりんごの実を「最も美しい

女神に与えよう」と言い、結婚式を楽しむ神々の間に投げ入れました。

たちまち女神たちの間で「私が一番美しいに決まっている」、「いいや、私だ」と争いが起こります。そして**最後まで決して譲らなかったのが、ゼウスの妻ヘラ、その娘アテナ、アプロディテの3人の女神です。**

いずれの女神も、自分の美しさに自信を持つだけでなく、並外れた力や魅力を備えた、簡単には甲乙つけがたい女神です。

困ったのは「誰が最も美しいかを決めろ」と3人の女神に迫られたゼウスです。自分の妻や娘がいがみ合っているところに、下手な裁定でもしようものなら、いくらゼウスでも無傷ではいられません。

「触らぬ神に祟りなし」ではありませんが、

困ったゼウスは神々による裁定ではなく、なんと人間による裁定を提案しました。

選ばれたのは、トロイアの地の王プリアモスの息子で、イデ山で羊飼いをしているパリス（アレクサンドロスとも呼ばれる）でした。ゼウスはすぐにヘルメスを使いに出し、そのことをパリスに伝えました。

女神たちの買収合戦

これが有名な「**パリスの審判**」です。

こうなると3人の女神の関心はパリスに向きます。ときにこうした戦いでは買収工作が行われるものですが、さすがに相手が女神ともなると、パリスに与えるもののスケールが違います。

ヘラは「アジアの君主の座」を約束します。アテナは「戦いの勝利」を約束します。

どちらも魅力的な提案でしたが、アプロディテは「世界を支配することよりも、戦いに勝利することよりも、男にとって最高の報奨は世界一の美女をわがものにすることだ」とささやきかけ、世界一の美女とも言われていたヘレネとの結婚を約束しました。

ヘレネはゼウスとレダの娘であり、成長して絶世の美女となって、ギリシャ中の王や英雄たちが求婚したことで知られています。

それほどの美女を自分のものにできるのです。この甘い言葉にすっかりやられてしまったパリスは、ヘレネがすでにスパルタ王メネラオスの妻となっているにもかかわらず、アプロディテに黄金のりんごを与えてしまったのです。

その結果、アプロディテは最も美しい女の称号を得ることに成功しますが、おさまらないのは、プライドをいたく傷つけられたヘラとアテナです。パリスはアプロディテの寵愛と加護を受ける一方で、ヘラとアテナの恨みを買うことになりました。そればかりか、**スパルタ王から妃を奪い取ったことで、のちのトロイア戦争の引き金をも引くことになった**のですから、神々の争いに口を出してしまったばかりに、パリスはとんでもない災いを招いたと言えます。

それにしても、「最も美しいのは誰か?」というコンテストにもかかわらず、堂々と買収工作を行う女神たちにも困ったものです。これでは誰が美しいかではなく、誰が一番言葉巧みに人を誘導するかを競っているようなものです。

女神であれ、人間であれ、ナンバーワンという称号はいつも魅力的で、どんなことをしてでも手に入れたいものの1つなのです。

豆知識

パリスはトロイア王の子どもですが、母親が見た不吉な夢のために、生まれてすぐにイデ山に捨てられています。その後、立派な若者に成長しますが、パリスの審判が町を破滅させたという意味では、夢は正夢だったのです。

事件FILE 20

「異議あり！」余計な口出しをした王様

【ミダス】

「王様の耳はロバの耳」で有名なプリュギア国の伝説的な王。捕まえることができれば、知恵を授けてくれるというシレノスが常に訪れる庭を所持していた。ミダスは庭の泉に酒を混ぜ、酔わせて捕まえ、シレノスから秘密の知を聞いた。

神様同士の競い合いは、プライドのぶつかり合いだけに、審判役を務めるのは大変神経を使います。「パリスの審判」で、アプロディテを勝者に選んだパリスは、ヘラとアテナという絶対に敵には回したくない女神の恨みを買うことになりました。また、神々に技の競い合いを挑んだ人間たちの哀れな末路を知れば、誰だってそんな貧乏くじは引きたくないと考えて当然です。そして、そんな**神様同士の競い合いで審判をし、事件に巻き込まれたのがミダス王**です。

今回勝負をすることになったのは、パンの笛の発明者で牧神であるパンと、予言や音楽、弓矢の神様で竪琴を手に持つアポロンです。

ある日、トモロスの山でかわいいニンフたちにパンの笛（蝋《ろう》で束ねた葦笛《あしぶえ》）を吹いて、軽や

かな音楽を奏でていたパンは、あろうことか、自分の方がアポロンよりもはるかに歌や演奏が上手であると自慢してしまいました。

たしかにパンは見事な演奏者ですが、相手は音楽の神アポロンです。パンごときに見下されたような発言をされては放っておけません。

早速、2人の神は腕比べをすることになりました。審判として選ばれたのは、山の神トモロスと、なぜかその場に居合わせた思慮の浅いミダス王です。

「準備完了だ」というトモロスの合図で、最初にパンが演奏しますが、その調べは審判役のミダス王を魅惑しました。パンが吹き終えたのを見届けたトモロスは、次にアポロンの演奏を促します。

金髪に輝く髪に月桂樹の冠を載せたアポロンは、宝石とインド産の象牙で飾られた竪琴を見事に弾きこなして、トモロスをはじめとする聴く者すべてをうっとりさせました。アポロンが演奏を終えると、トモロスはアポロンの勝利を告げ、パンにもその演奏がアポロンには及ばないことを認めさせました。

「王様の耳はロバの耳」の由来

ここで終わっていれば楽しい競い合いでしたが、この勝敗に異議を唱えたのが、なんと人間であるミダス王でした。神々の競い合いに神様が裁定を下したので、人間の出る幕は本来ありません。しかし、なぜかミダス王はトモロスの判定に異議を唱えて、「不当な判定だ」と言ったのです。

そして神々の競い合いに、人間が口を出すことに怒ったのがアポロンです。アポロンは、美しい音楽を聴き取ることのできないミダス王の耳が、人間の耳の形をしていることに我慢がならず、耳を引き延ばして毛を生やし、歩みののろい「ロバの耳」に変えてしまったのです。

つまり、**王様の耳はロバの耳になってしまった**のです。

アポロンを怒らせてしまい、ロバの耳になったミダス王は、困り果てて普段は頭巾で頭を隠すことにしました。しかし唯一隠せないのは、理容師に髪を切ってもらうときです。このときばかりは頭巾を取るため、奇妙な耳がどうしても理容師に見えてしまいます。

とはいえ、王様の御用を務める理容師にとって、王様の秘密をばらすことは命取りになります。言いたいけれども、言えば命を奪われます。そこで理容師は、仕方なく地面に穴を掘り、その穴に向かって王様の秘密を小声で話した後、穴を再び埋めて立ち去りました。

ところが、1年後にその穴からたくさんの葦が生えて、理容師が穴の中でささやいた言葉をささやくようになったのです。またたく間に「王様の耳はロバの耳」は、みんなの知るところになりました。

神々の競い合いにうかつに口をはさもうものなら、たちまち罰を受けることになります。ギリシャの神々は人間に恵みももたらしてくれますが、人間のおそまつな発言に対しては、いつだって手厳しい存在でした。

豆知識

「王様の耳はロバの耳」はイソップ寓話《ぐうわ》の1つとして知られ、国によっていくつかのバージョンがあります。日本では劇団四季がミュージカルとして上演しており、そこではハッピーエンドが待っています。

事件FILE 21

「負けは認めない」審判役も驚くアポロンとの音楽勝負

【ムサ】

記憶の女神ムネモシュネとゼウスから生まれた9人の娘たちで、文芸、音楽、舞踊、哲学、天文など、人間のあらゆる知的活動を司る女神。ミュージックやミュージアムの語源にもなっている。

ギリシャの神々は人々の守り神ではありますが、自分を崇拝しなかったり、自分の分際をわきまえない人々や神々に対しては、容赦なく残忍な罰を下すことがよくあります。

あるとき、女神アテナが鹿の骨から笛をつくり、神々の宴席で得意げに吹いてみせたところ、日ごろから美を競い合っているヘラやアプロディテに大笑いされてしまいます。理由は、笛を吹くために灰色の目をして頬を膨らませたアテナの顔が、あまりにおかしかったからです。

このことに怒ったアテナは、イデ山の森の泉に自分が笛を吹いている姿をうつしたところ、たしかにその顔はおかしなものでした。自分の美しさに絶対の自信を持つアテナにとって、それは我慢のならないことでした。美しい音色の笛を発明したことはすごいことですが、笛を吹

いたがために、せっかくの美しい顔が笑いものになってはお話になりません。

　アテナは「こんないまいましい楽器は誰も使う者がいないように、ここに捨ててしまいましょう」と笛を捨ててしまいました。

　それと同時に「この笛を吹く者がいたら、その者はひどい罰を受けることになるでしょう」と余計な予言まで残したのです。

　言わば呪われた笛ということですが、それを運悪く拾ったのが、羊飼いのマルシュアスというサテュロスです。サテュロスというのは半人半獣の山野《さんや》の精霊で、角やしっぽなど山羊《やぎ》の特徴を持っています。

　拾った笛を面白がって吹くうちに、マルシュアスはどんな曲でも思いどおりに吹くことができるようになり、自分は世界一の笛の名手で、その技は音楽の神アポロンを凌《しの》ぐのではないか、とさえ思い込むようになりました。すっかりその気になったマルシュアスは、大胆にもアポロンに音楽の勝負を挑みます。アポロンにとっては、マルシュアスごときが挑戦をしてくること自体、プライドをいたく傷つけられる行為でしたが、アポロンはこんな条件をつけて勝負に応じることにしました。

「勝負に勝った者は、負けた者を自由にすることができる」

勝利を引き寄せる強引な無茶ぶり

アポロンが奏でる竪琴の調べも、マルシュアスの吹く笛の音も、どちらも素晴らしいものでした。審判役のムサ（学芸の女神）たちも勝敗の判断に迷っていると、アポロンが突然、竪琴を上下逆さまにして同じ旋律を奏でたのです。そしてマルシュアスにこう言いました。

「同じことをしてみせろ」

竪琴は上下逆さまにしても弾くことができますが、笛を上下逆さまにして吹いたところで、美しい音が出るはずもありません。プライドが高く、負けず嫌いのアポロンのまさに無茶ぶりですが、ギリシャの神様にはとかくこういうところがあります。

そもそも、自分に勝負を挑むこと自体が神をも恐れぬ行為ですし、自分と同じほどの力量を持つ者の存在など、認めるわけにはいかないという考えです。

当然、マルシュアスは負けを認めるしかありませんでした。

本来なら、ここで「今後は俺に勝負を挑むなど、ばかな考えを起こすんじゃないぞ」と諭せばいいところを、生意気なマルシュアスに頭に来ていたアポロンは、この後に何とも残酷な罰を下します。

「好きにしていいという約束だから、好きにさせてもらうぞ」

アポロンはマルシュアスを木に縛りつけて、生きたまま生皮をはぎました。また違う説では、スキュティア人に身体を切り刻ませたとも言われています。そして、そのマルシュアスから流れた血や、その死を悲しむ人々が流した涙が、**のちにフリュギアを流れるマルシュアス河になった**とされています。

それにしても、勝ったら好きにしていい約束だからといって、やっていいことには限度があるはずです。これほどに残酷な罰を下すとは、アポロンの残忍さにも驚きますし、笛に呪いをかけたアテナにも困ったものです。

ギリシャの神々は、ときに残忍なことを平気でする怖さも持っています。

豆知識 マルシュアスの奏でた楽器は、オーボエのように2つのリードを持つもので、アウロスと呼ばれる。頬を膨らませて空気をため、それを吹き出しながら鼻から息を吸う循環呼吸の奏法で、息継ぎをすることなく演奏した。

事件FILE 22

「男と女の快楽」両方の性を経験した

テイレシアス

【テイレシアス】
ギリシャ神話で活躍する盲目の予言者。盲目となった原因については、水浴する全裸のアテナを見たため、視力を奪われたが代わりに予言の力を与えられたとも、ゼウスとヘラの質問への答えにヘラが怒って視力を奪い、ゼウスが予言の力を与えたとの説もある。

「喧嘩するほど仲がいい」という言葉は、夫婦や恋人、友人との間で言われることがあります。喧嘩している当人同士はともかく、その喧嘩に巻き込まれてしまった人が、喧嘩している2人に対して「いい加減にしてほしい」と思うのが、くだらない言い争いの喧嘩です。今回はそのような喧嘩に巻き込まれてしまった事件です。

ある日のこと、ゼウスは日ごろのわずらわしい悩みも女のことも忘れ、神酒に酔いすっかりいい気持ちになっていました。そばには、いつもの浮気相手ではなく、妻のヘラがいました。

何を思ったのかゼウスは、ヘラにこんなことを言いました。

「これはたしかなことだが、女の喜びの方が男のそれよりも大きいのだ」

セックスにおける快楽のことですが、これを聞いたヘラは即座に異を唱えました。ヘラは貞操観念の高い女神ですが、ゼウスは女性に関しては百戦錬磨の強者です。今回はゼウスの言うことに一理ありそうなものですが、ヘラも決して譲ろうとはしませんでした。

「そこまで言うのなら決着をつけよう」となったのでしょう。物知りの人間テイレシアスに審判を仰ぐことになりました。

全知全能の神様が、なぜわざわざ人間に聞くのか？　ということですが、それには大きな理由がありました。

テイレシアスはあるとき、森の中で交尾をしていた2匹の大きな蛇を、杖で激しく殴りつけたことがありました。すると不思議なことに、男だったテイレシアスが女に変わってしまったのです。

映画などで男女が入れ替わる話はありますが、テイレシアスはただ1人で、男から女に変わってしまったのです。そのまま仕方なく7年間を女性として暮らしたテイレシアスですが、8年目に再び同じ蛇に出会いました。そしてひらめきます。

「蛇を杖で打つことが、その人間の性別を変えるほどの力を持っているのなら、もう一度同じ蛇を杖で打てば、男に戻ることができるかもしれない」

テイレシアスが前と同じように蛇を杖で打ったところ、思っていたとおり再び男に戻ることができたのです。

つまり、**テイレシアスは物知りであるだけでなく、男と女の両方を経験したとても珍しい人間だった**のです。両方を知っているのだから、ゼウスとヘラの言い争いにも決着をつけてくれるだろう、というのが2神の見方でした。

正直者への制裁

冗談めいた神様夫婦の言い争いに呼ばれた人間のテイレシアスは、ゼウスの意見に軍配を上げます。そして、その場でこう言いました。

「性交の喜びを10とすれば、男と女の快楽の比率は1対9であり、女性の喜びの方が男性の喜びよりもはるかに大きい」

普通はここで「ああ、そうか」となるところですが、ここでもヘラは自分の意見を否定されたことで気を悪くします。そして、あろうことかテイレシアスに罰を下し、目を見えなくしてしまったのです。

とはいえ、さすがにヘラの下した罰をひどすぎると思ったのでしょう。ゼウスは視力を奪われたテイレシアスに、未来を予言する力と長寿を授けました。それ以来、**テイレシアスはテバイの名高い予言者となる**のです。

力を持つ人たちに呼ばれて、「どっちが正しいと思うか?」と聞かれると答えに窮《きゅう》するものです。その人たちに、正しいことを正しいと認める度量があればいいのですが、なかには否定されて「俺をばかにしているのか」と怒る人もいるから厄介です。

「正しいことは正しい」と言うか忖度《そんたく》をするかは、生きていくうえでいつも厄介なテーマですね。

豆知識 テイレシアスの予言は随所に登場します。アムピトリュオンにアルクメネを犯したのはゼウスであると教え、オイディプス王に不作と疫病の原因は王その人にあると諭したのもテイレシアスです。長命でもありました。

事件FILE 23

「連戦連敗」圧倒的な力を持っていても負けるポセイドン

【ポセイドン】

ゼウスの兄弟であり、ゼウスに次ぐ力を持つ。ゼウスとともに世界の支配権を父親から奪ったのち、くじ引きにより、海の支配権を得た。エーゲ海の海底にある神殿に住み、先が3つに分かれた三叉槍を武器に持つ。オリュンポス12神の1人。

ポセイドンはクロノスとレアの子どもで、ゼウスやハデスとは兄弟になります。この3人の兄弟は、くじ引きでどこを支配するかを決めていますが、その結果ハデスが冥界の支配者、ポセイドンが海の支配者、そしてゼウスが天空の支配者となっています。

海の支配者ポセイドンの強さは、ゼウスに次ぐと言われるほど圧倒的な力を持っています。ギリシャ神話の海と地震を司る神であり、ポセイドンが怒り狂うと巨大な地震を引き起こし、世界を揺るがすことになります。また、泉の支配者であると同時に馬の神でもあり、馬をつくり出して、馬を操る技を人間に教えたのもポセイドンと言われています。ポセイドンは、人々の生活に欠くことのできない存在ですが、怒らせるととても恐ろしい神様でもあります。

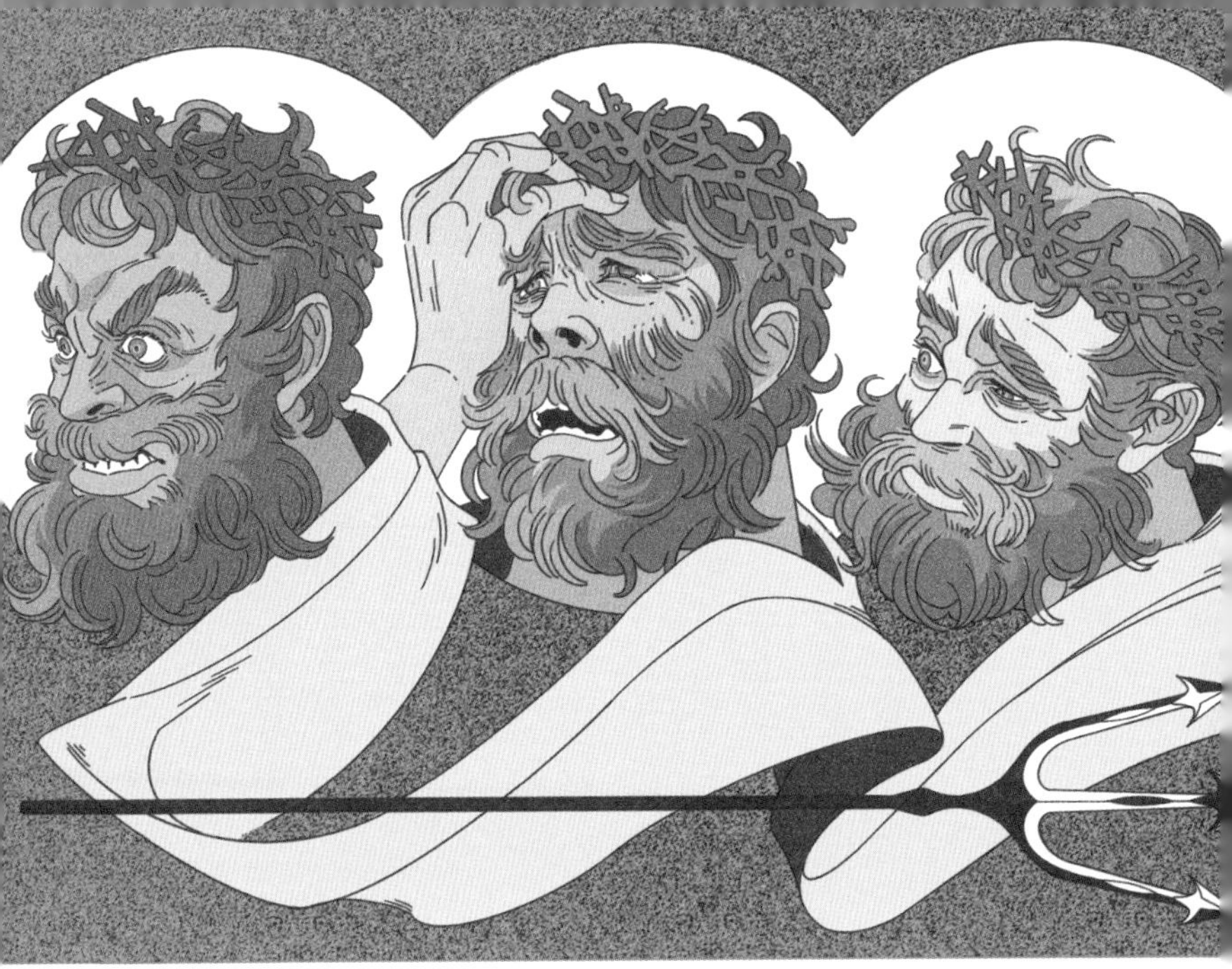

手にしているのは三叉の戈《ほこ》で、別名「ポセイドンの槍」とも呼ばれる武器が、お馴染なのではないでしょうか。

しかしポセイドンは、そのような圧倒的な力があるにもかかわらず、なぜかギリシャの諸都市が成立する過程で、神々がその土地の主神の地位を争う戦いでは負け続けています。まさに連戦連敗です。

その最も有名なものが、アテナイの地（現在のアテネ）を巡っての戦いです。

ポセイドンと女神アテナは、現在もアテネ市の中央にそびえるアクロポリスの丘の上に立ち、どちらがより良いものをアテナイの民に贈ることができるかを競いました。審判役の神々が、より良いと思ったものを贈った方が、この地の主神になると決めました。

ポセイドンは自信満々で三叉の戈で大地を打ち、塩水の泉を出しました。

一方のアテナは、槍で地面を突き、世界で初めてのオリーブの木を生えさせました。

審判役を務めた神々は、オリーブの木の方が塩水の泉よりも人間の生活に役に立つという理由で、アテナがアテナイを支配することになりました。


それはそうでしょう。海の支配者ポセイドンにとっては、塩の水は馴染み深いものですし、魚たちにとって、とてもありがたいものです。しかし人間にとっては、塩の水をもらっても飲むことはできません。そして、人間が育てている農作物や地上の木々も、風にのって運ばれてくる塩水にかかっただけで枯れてしまうので、そんなものを贈られて喜ぶ人間はいません。

それよりもオリーブの木であれば、実を食べることができますし、オリーブ油をとることもできるなど、さまざまな使い道があります。

ということで、ポセイドンは敗れたわけですが、この判決に怒ったポセイドンは洪水を引き起こして、人間たちに大迷惑をかけています。そのため、人々はつくづくポセイドンが主神に選ばれなくてよかった、と思ったのではないでしょうか。

子どもにも継承された非道さ

ポセイドンは、ほかの神との戦いでも敗れています。

アルゴスの地では、ヘラと主神の座を争って敗れ、その腹いせに泉の水を枯れさせるという非道を行なっています。このときは、ダナオスの娘アミュモネがポセイドンの恋人になったことで、街は災いから逃れました。

このほかにもポセイドンは、コリントスの地をヘリオスと争って敗れ、アイギナの地では、ゼウスと争って負けています。またナクソスの地はディオニュソスと争い、やはりここでも敗れ去っています。海の支配者でありながら、連戦連敗という醜態をさらしてしまったわけです。

もう1つ、ポセイドンには特徴があります。**多くの愛人を持ち、多くの子どもをつくっていますが、そのほとんどが怪物や乱暴者ばかりと言われています。**この点は、子どもたちがオリュンポス12神の仲間入りをしているゼウスとは大違いです。それらの点で、ポセイドンはおそまつと言えるかもしれません。

豆知識
アニメ「海のトリトン」や「リトル・マーメイド」のアリエルの父で知られるトリトンは、ポセイドンとアムピトリテの間に生まれた子どもです。半人半魚の姿で海馬に乗り、ほら貝を吹き鳴らして海を鎮める姿で描かれます。

神様・英雄紹介 4

【ポセイドン】

クロノスとレアの子。海神で三叉槍を武器に持つ。海ばかりでなく、大地を揺るがす地震の神でもある。また馬や馬術を司る神で、競馬の守護神でもある。英語ではネプチューンと呼ばれている。

ポセイドンの宮殿は海底にあり、青銅の蹄《ひづめ》に黄金のたてがみの馬を飼い、海の怪物たちを従え、戦車に乗って海を駆けたとされる。

ポセイドンは、多くの女神や人間と交わって子をもうけた。牝馬に変身した大地の女神デメテルとは、牡馬になって交わり、恐ろしい女神デスポイナと神馬アレイオンが誕生した。またメドゥサとも性交しており、生まれたのが翼のある馬ペガサスだと言われている。そしてポセイドンは、一つ目巨人ポリュペモスの父でもある。

また、ポセイドンと別の女性から生まれたとされているのが、星座のオリオン座で知られる巨人オリオンだ。彼は美男子の狩人で、ポセイドンから海を歩く力を与えられたという。

ポセイドンはさまざまな女性と交わり、たくさんの子どもをもうけたが、その子どもたちは馬や怪物、巨人などが多い。ポセイドンはギリシャの神々の中でも特に古くから信仰されていた神であり、神話を彩る異界の者たちの生みの親となった。

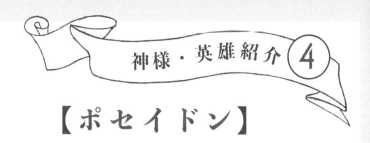

第5章

嘘と騙し合いの事件簿

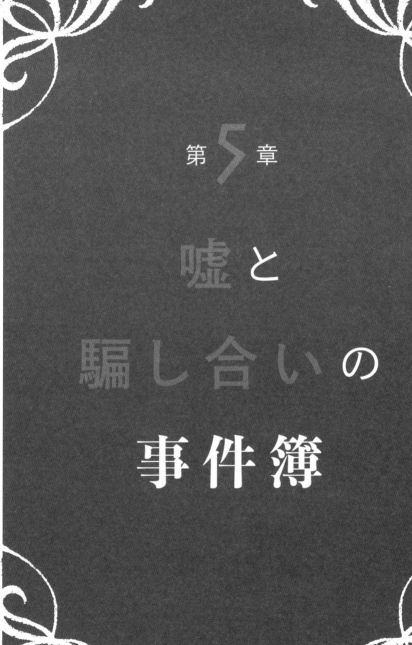

事件FILE 24

「永遠の罰」策を巡らすプロメテウス

【プロメテウス】

「プロメテウスの火」で有名な男神で、ティタン神族の一員。「先見の明を持つ者」として知恵に長け、ゼウスを騙して怒りを買い、カウカソス山に鎖で縛りつけられて、大鷲《おおわし》に肝を食われる罰を受けるが、ヘラクレスによって救われた。

火のない生活、あるいは肉のない生活って想像したことはありますか?

どちらも私たちの生活に欠くことのできないものですが、そんな**火と肉を私たち人間にもたらしてくれたのがプロメテウス**です。

人間にとっては、とてもありがたい神様なのですが、プロメテウス自身は火と肉を人間に与えたことによって、長きに渡って地獄の苦しみを味わうことになりました。そうなった理由は、「先に考える男」と呼ばれるほど知略に長けていたプロメテウスが、2度までも全知全能の神ゼウスを騙《だま》して、すさまじい怒りを買ってしまったからです。

プロメテウスとゼウスの最初の騙し合いは、食べ物の分け前を巡る戦いです。

なぜ、そんなことで神様がもめるのか？と思うかもしれませんが、そんな人間臭さもギリシャ神話の魅力の1つです。
ある日、メコネの地で神に捧げる犠牲獣《ぎせいじゅう》の分け前について、人間と神々の間で取り決めが起こりました。プロメテウスは人間のために、ゼウスを騙してやろうと策を巡らします。大きな牡牛をつぶしたプロメテウスは、

1、肉と内臓を皮で包んだ、食べるところがなさそうに見えるもの
2、骨を脂肪で包んだ、おいしそうに見えるもの

この2つを用意して、好きな方を取るようゼウスに選択を委ねました。するとゼウス

は、プロメテウスの用意した分け前の見た目に騙されて、「2」の方を選んでしまったのです。

本によっては「プロメテウスの策略はわかっていたけれども騙されてやった」という書き方をしているところもありますが、それは作者によるゼウスへの忖度《そんたく》で、単純に騙されたというのが本当のところでしょう。権力者は簡単には、「騙された！」とは言えません。

実際に、このことを知ったゼウスは、プロメテウスに騙されたと激怒したわけですが、そのおかげで人間は、祭儀で動物などを神様に捧げる際に、肉や内臓などのおいしいところを食料として得ることができました。それればかりか、皮も手に入れて、加工することができるようになったのです。そして神様には、骨などの食べられないところを捧げればよくなりました。

人間に文明をもたらした神様

まさにプロメテウスさまさまですが、このときの屈辱を忘れないのがゼウスです。いつまでも怒りがおさまらないゼウスは、人間を罰するために、肉を焼いたり、暖を取るために必要な「火」を渡すことを拒絶したのです。

人間にとって「火」ほど貴重なものはありません。火があれば調理もできますし、夜には周りを明るく照らしてくれます。寒いときには温かくしてくれますし、怖い獣たちも火があれば、近づくことはありません。当然、火がなければ文明など生まれるはずもありません。

しかし、ここでも登場するのがプロメテウスです。**ゼウスの目を盗んで、オオウイキョウの茎《くき》の中に火を入れて盗み出し、人間に与えてしまった**のです。

これにまた怒ったのがゼウスです。本来、神々が手にするはずのおいしい肉を人間にとられたばかりか、人間に力を与えることになる火までも、神々から奪って人間に与えてしまったわけですから、そんなプロメテウスの巧妙さに我慢がならないのは当然のことなのです。

プロメテウスは人間の立場に立てば、感謝しても感謝しきれないほどの神様ですが、たしかにほかの神々から見れば、神様を騙して人間の便宜《べんぎ》ばかりはかる、なんとも憎たらしい奴になってしまいます。

知略に長けた人というのは、味方のときは心強いですが、自分が騙される側の立場になると、その小賢しさに腹が立つ存在です。つまり、何度も騙されたゼウスが腹を立て、永遠の罰を下したのも当然だったのかもしれません。

豆知識

「プロメテウスの火」とは、プロメテウスが人間にもたらした火のことですが、しばしば原子力など強大でリスクの大きな科学技術の比喩としても使われます。火は人間に文明をもたらした一方で、争いなどももたらしたのです。

事件FILE 25

「王権奪取」わが子を食らうクロノス

【クロノス】

天空神ウラノスと大地の女神ガイアの子。ガイアが与えた金剛の鎌で父親の男根を切り落として海に投げ入れ、父親の支配権を奪って支配者となったが、その座は同様に子どもであるゼウスによって奪われることとなった。

日本の戦国時代においても、武田信玄や伊達政宗のように、子どもが力ずくで親の支配権を奪った出来事があるように、**ギリシャ神話の世界でも親はしばしば、その座を子どもによって追われています。**

最初に神々の世界を支配したのはウラノスですが、ウラノスは子どもであるクロノスによって男根を切り取られ、その座を奪われています。そして、そのクロノスから王座を奪ったのが、クロノスの子ゼウスです。もっとも、親たちも警戒をしなかったわけではありません。

ウラノスもクロノスも、「自分の子に滅ぼされる運命にある」という予言を受けていたため、何とか阻止しようとしました。ウラノスは子どもを次々とタルタロスに投げ込み、クロノスは

生まれた子どもを次々と飲みこんでいます。
わが子に倒されるのが嫌なら、そもそも子どもをつくらなければいいのですが、クロノスは妻レアとの間に、次から次へと子どもをつくってしまいます。そして、その子どもたちを自ら飲みこんでいってしまうのです。
たしかに、生まれた子どもを次々に飲みこんでしまえば、自らの王座は安泰なはずですが、こんなことをされて妻のレアも黙ってはいられません。
こうして計5人の子どもを奪われたレアは、ゼウスを身籠もったことを知ると、どうすればいいかを母親のガイアに相談しました。そして、その夜のうちにクレタ島に行って、そこでゼウスを生んで、ひそかに育てることを決意します。ゼウスの代わりは、産着に大事そうに包んだ石を子どもに見せかけて、クロノスに渡すことにしました。

渡されたものを見て、すっかり自分の子どもだと思い込んだクロノスは、いつものようにそれを飲みこんでしまいました。普通に考えれば石ですから気づきそうなものですが、全知全能の神ゼウスでさえ、脂肪に包まれた骨をおいしい肉と勘違いしています。だから、石をわが子と勘違いして、クロノスが飲みこむのも仕方のないことです。

そうして、隠れて育てられることになったゼウスは、クレタ島のニンフたちによって大切に育てられました。牝の山羊アマルティアが乳を与え、お世話係のクレスたちは武装してゼウスを守るとともに、クロノスに子どもの泣き声が聞こえないように、槍と盾を打ち鳴らしながら、懸命にゼウスを守り育てました。

子どもが父親を倒す歴史

やがて無事に成長したゼウスは、復讐にとりかかります。まず、オケアノスの娘メティス（知恵の女神）からもらった薬をクロノスに飲ませることに成功しました。するとクロノスは、最初にゼウスの身代わりの石を吐き出し、次いでそれまでに飲みこんだ子どもたちを、次から次へと吐き出したのです。出てきたのはポセイドンとハデスというゼウスの兄弟、そしてヘラ、デメテル、ヘスティアというゼウスの姉にあたる神々です。

その後、ゼウスは兄のポセイドンやハデスと協力して、自分たちに味方してくれる神々をオリュンポス山に集めました。そして、父親であるクロノスを王と崇めて、世界を支配していたティタン神族たちと10年に渡って戦いを繰り広げた末に、勝利をおさめることになったのです。

戦いに勝利し、無敵の武器である雷を手にしたゼウスは天空の支配者、ポセイドンは海の支配者、ハデスは冥界の支配者となり、**ギリシャ神話の最高神ゼウスの支配が確立することとなった**のです。

以後、ゼウスの支配権が揺らぐことはありませんでしたが、そこに至るまでにはクロノスがウラノスを追放し、ゼウスがクロノスを打ち負かすという、子どもが親を倒す壮絶な歴史が繰り返されていたのです。

男の子にとって父親は、いつかは乗り越えなければならない壁とも言われますし、父親にとってもわが子が自分を追い抜いていくことは嬉しいものです。しかしギリシャ神話においては、それはまさに命がけのことなのです。

豆知識
クロノスとの戦いに勝つために、ゼウスは地下に閉じ込められていたキュクロプス（1つ目の巨人）を解放しますが、彼らは鍛冶の名人でありゼウスの雷霆やポセイドンの三叉槍などをつくり、勝利に貢献しています。

事件FILE 26

「同じ轍は踏まない」夫の策略にはまった

メティス

【メティス】

ゼウスの最初の妻であり、知恵の女神。大洋神オケアノスとテテュスの子。クロノスが飲みこんだ子どもたちを吐き出すようにレアに薬を与えたのがメティスである。

父親のクロノスを倒して、神々の世界の支配者となった**ゼウスの最初の妻となったのはメティスです。メティスは知恵の女神と呼ばれています。**

クロノスは薬を飲まされたことで、石やゼウスの兄弟姉妹を吐き出していますが、その薬を用意してくれたのもメティスです。困ったときに頼れるのは、やはり知恵のある神様です。ゼウスはそんなメティスを最初の妻とし、メティスは妊娠しましたが、そこでゼウスの頭を悩ませたのが、祖母ガイアの予言でした。ガイアにこう言われたのです。

「メティスから生まれる男の子は、ゼウスから王位を奪うであろう」

子どもが父親を倒して王座を奪うというのは、ギリシャ神話では何度も繰り返されてきたこ

とです。そのため、代々の支配者は生まれてきた子どもを冥界に閉じ込めたり、飲みこんだりしたわけですが、いつも妻の怒りを買ってしまい、結局はその子どもによって復讐されて王位を追われています。

実際にゼウスも、そうやってクロノスを倒して支配者となっているだけに、「今度は自分がやられる番か」と疑心暗鬼になるのは当然のことと言えます。まさに因果応報です。

では、どうすればいいでしょうか？

ゼウスも父親たちと同じように子どもたちを何とかしようと考えますが、ウラノスやクロノスと違っていたのは、ゼウスは子どもを何とかしようとするのではなく、妻もろとも子どもを何とかしようとしました。

子どもだけを何とかしても、妻の怒りを買っては意味がありません。妻にとっては、わが子ほどかわいいものはないわけですから、子どもに手をかけられたとあっては、いくら夫とはいえ、というか夫だからこそ腹が立つのです。

妻の怒りを買わずに、子どもを何とかできないかとゼウスは考えますが、妻のメティスは知恵の神です。つまらない策略などすぐにばれてしまいます。そこで一説には、メティスが何にでも変身できる力を持っていることを、ゼウスが利用したと言われています。

女神アテナの誕生

ゼウスがメティスに「あれになってみせてくれ」「これになってみせてくれ」と頼むと、メティスは次々と姿を変え、それにゼウスは感心してみせました。すっかり気を良くしたメティスに、ゼウスが「まさか一滴の水（ハエという説もある）にはなれないだろう」と挑発すると、メティスは「簡単なことです」と言って、水滴になってみせました。

その瞬間、なんとゼウスは水滴になったメティスを一気に飲みこんでしまったのです。子どもを飲みこむと、クロノスのように妻から復讐される恐れがありますが、妻もろとも飲みこんでしまえば復讐の恐れもないし、子どもが自分の地位を奪うこともありません。まさにゼウスにとって起死回生の策略でしたが、これにはさすがの知恵の神メティスもやられてしまったというわけです。

メティスにとっては何ともおそまつな事件でしたが、話がここで終わらないのがギリシャ神話です。メティスは飲みこまれたゼウスの中で生き続け、善悪を判断するようになったことで、ゼウスは全知全能の神になることができました。ゼウスがその後も支配者でいられたのは、メティスの知恵を手にしたからなのです。そしてさらに、メティスの中にいた胎児は順調に育っていました。

やがて激しい頭痛に襲われたゼウスは、鍛冶の神ヘパイストスに相談して、自分の頭を斧で叩き割るように命じたのです。すると、そこから**甲冑《かっちゅう》で完全に武装した女神が飛び出します。この女神こそがアテナだった**のです。

予言では「メティスから生まれる男の子はゼウスから王位を奪う」とのことでしたが、生まれたのは女の子でした。これでゼウスの王権は安泰です。

ウラノスの男根からアプロディテが生まれ、ゼウスの頭からアテナが生まれるなど、ギリシャの有名な女神は何とも奇妙なところから誕生したのですね。

豆知識 甲冑を着て生まれたアテナですが、その後に防具として用いたのが、ヘパイストスがつくり、ゼウスが与えたとされる「アイギス」（盾とも肩当てとも言われる）です。

事件FILE 27

「嘘つきは泥棒の始まり」生まれてすぐ悪知恵の働く

ヘルメス

しばしば自らの行いを正すために、「天が見ている」という言い方をする人がいます。自分がやろうとしている悪事など誰も見ていないし、きっとばれないと思っていても、その行いは天が見ていて、いつかその報いを受ける。だからこそ今、誰も見ていなくても正しく生きなければならない、という考え方がそこにあります。

その考え方どおりなら、天はいつも正しいはずなのですが、**ギリシャの神々の中には、生まれたときから嘘ばかりつく神様がいます。名前はヘルメスです。**

ヘルメスはゼウスとマイアの子どもで、ゼウスが望んでいたとおりの知恵を持ち、嘘つきで盗みが得意でした。そしてその才能は、生まれたその日からいかんなく発揮されています。

【ヘルメス】

商業と泥棒の神であり、牧畜を司る神。ゼウスの末子。詐術の才に恵まれ、デュポンとの戦いでは窮地に陥ったゼウスを盗みの技術を活かして救った。神々の使者の役割を持ち、有翼のサンダルと旅行帽をかぶった姿で描かれる。オリュンポス12神の1人。

生まれてすぐに揺りかごを抜け出したヘルメスは、見つけた亀の甲羅を使って竪琴をつくった後、神々が牛を飼っているピエリアの山へ行きました。そこには、ヘルメスの異母兄であるアポロンが牛50頭を飼っており、それを盗み出そうとする際に、ここで早くもヘルメスは悪知恵を働かせています。

まず盗んだ牛を後ろ向きに歩かせて、牛が牧場に入ってきた足跡しか残さないようにします。さらに、自分用に木の枝を編んで奇妙なサンダルをつくり、足跡もごまかしました。これでは足跡をいくら丹念に調べても、犯人にたどり着くのは難しいという恐るべき悪知恵です。

まんまと牛を盗み出したヘルメスは、2頭を神様への供え物にして、肉はしっかりと自分で食べた後、残りの牛を洞窟に隠して、夜明け前には再び揺りかごに戻ったのです。

まさに寝たふりをしていたわけですが、そこにやってきたのが牛を盗まれたアポロンです。

アポロンにはものごとを見通す力があるだけに、いくら巧妙に策を弄《ろう》しても、ヘルメスが牛を盗んだことを知っていました。それでもヘルメスは「生まれたての赤ん坊には盗みなんかできない」としらを切り、アポロンが「すぐに牛を返さないと冥界へ放り込むぞ」と脅すと、ヘルメスは「父ゼウスに裁きをつけてもらいましょう」と言い出したのです。

神々をも丸め込む赤ん坊の弁舌

ゼウスの前に引き出されても、ヘルメスは堂々たるものでした。こう言いました。

「父なるゼウスよ、僕の方こそまさしく真実を語ることになるでしょう。僕は間違うこともありませんし、（まだ赤ん坊なので）嘘をつくすべも知りません」

ゼウスもヘルメスが牛を盗んだことは百も承知でしたが、生まれたばかりのわが子が、その期待どおりに巧みな弁舌をふるい、大嘘をついて牛を盗んだことを否定するのを見ると、すっかり楽しくなってしまいました。そしてヘルメスとアポロンに「心を1つにして、牛を見つけてくるように」と命じました。

ヘルメスはおとなしくアポロンに牛を返しますが、まだ怒っているアポロンのご機嫌を取るために、手製の竪琴を弾いてみせます。するとアポロンはすっかり竪琴が気に入ってしまい、自分に竪琴をくれるように言いました。

本来なら、お詫びのしるしに竪琴を渡すところですが、ヘルメスはなんとそこで交換条件を出したのです。竪琴を渡す代わりに、先ほど返したばかりの牛を自分にくれるよう持ちかけました。でもこれって、おかしくありませんか？

そもそも牛の持ち主はアポロンです。ヘルメスがその牛を盗んだため、その牛を無条件に返すのは当然のことです。むしろ竪琴は、盗んだお詫びとして渡すべきなのに、牛をくれたら竪琴をあげるとは、ヘルメスの厚顔無恥《こうがんむち》ぶりもすごければ、それを受け入れるアポロンもどうしたことでしょうか。

それほどに、ヘルメスの弁舌は巧みだったと言えますし、その才能を愛したゼウスは、ヘルメスを自らの言葉を伝える使者に命じることになったのです。

そういう意味では、ヘルメスはたしかに知略に長けた神様と言えます。とはいえ、嘘やごまかしによって欲しいものを手にするという点では、ちょっと尊敬しづらい神様と言うことができます。

豆知識
ヘルメスは葦笛をつくって、それを欲しがったアポロンに与えました。その代わりに2匹の蛇が巻きついた杖（ケリュケイオン）をもらい、常に身につけていました。

事件FILE 28

「間違えれば死」究極の謎解きに挑んだ

オイディプス

【オイディプス】
ギリシャ神話の英雄。オイディプスの物語は、ソフォクレスのギリシャ悲劇『オイディプス王』に描かれ、最も有名な劇の1つとなった。エディプス・コンプレックスはオイディプスの名に由来する。

ギリシャ神話には、さまざまな英雄が登場します。そのなかでも、オイディプスは悲劇の英雄として有名です。

オイディプスの運命は過酷なものでした。テバイの地の王ライオスは「生まれた男子は父殺しになるであろうから、男子をもうけるべからず」という神託を受けていたにもかかわらず、酒に酔って妻と性交をしたため、男子が誕生してしまいました。

その神託を信じていたライオスは「子どものかかとをピンで貫いて捨てるように」と言って牧人に手渡します。その子はコリントスの王ポリュボスの妻の手に渡り、王と妻はその子を養子として育てることにしました。**オイディプスという名前は両足が腫《は》れていたことから、腫れ**

足という意味で名づけられました。

成長したオイディプスは、知恵にも膂力《りょりょく》にも優れた立派な若者となります。

あるとき、オイディプスは人から「ポリュボスの実の子どもではない」と言われ、その真偽を知ろうとデルポイの地に向かい神託を受けます。そして、こう言われました。

「故郷に赴《おもむ》くなかれ。父を殺し、母と交わるであろうから」

これを聞いたオイディプスは、ポリュボスを実の父親と信じて、この神託のとおりにコリントスの地とは反対の方向へと旅立ちました。父と母が生きている間は故郷に近づかないためでしたが、その旅の途中で出会ったのが実の父であるテバイの王ライオスです。

オイディプスが道を急いでいると、狭い道でライオスが乗った戦車が道を塞ぎ、「道を開けよ」と命じて、オイディプスの馬を1頭殺してしまいました。このことに怒ったオイディプスは、ライオスとその家来たちを皆殺しにしてしまいます。つまり、オイディプスは知らず知らずのうちに、父親を殺すという神託を実行してしまったのです。

やがてテバイの地にたどり着いたオイディプスは、テバイの地を襲っていた悲劇の解決を頼まれることになったのです。

スフィンクスの謎解き

このとき、テバイの地のピキオン山上には、女神ヘラが送り込んだスフィンクスが住みついていました。エキドナを母とし、テュポンを父とするスフィンクスは、女性の顔を持ち、身体はライオン、背中には翼を持つ怪物でした。

スフィンクスは、テバイを通り過ぎる旅人に謎をかけ、その謎を解くことができなかった人を食べてしまうという恐ろしい怪物でした。こんな恐ろしい怪物が居座っていては、テバイの人々は安心して旅に出ることはできませんし、外から安心して訪ねてくることもできません。

人の交流や物流が途絶えれば、その町が栄えることなどできないため、ライオスの亡き後に摂政《せっしょう》となったクレオン（イオカステの兄）はこう宣言しました。

「スフィンクスの謎を解き、災いを終わらせることができた者には、イオカステ（ライオスの妻でオイディプスの実の母）と結婚させ、テバイの王にする」

そしてテバイにやってきたオイディプスに、スフィンクスは謎をかけます。

「1つの声を有しながら、4足、2足、3足になるものは何か？」

オイディプスは「人間である」と答えます。その理由は、赤ん坊のときは4足ではいはいをし、成人して2本の足で歩くが、年老いてからは杖を第3の足として使うから、というものでした。人間にこの謎は解けないとたかをくくっていたスフィンクスは、驚いて山上から身を投じて死んでしまいました。

クレオンの宣言どおり、オイディプスは実の母とは知らずに、イオカステを妻として王となります。そして子どもまでもうけることになります。これによって、**何とか避けたいと願っていた神託のとおりになってしまった**のです。

スフィンクスの謎かけが、オイディプスに栄光と悲劇をもたらしたのです。

豆知識
ライオス王はこの神託以外にも「ペロプスの呪い」を受けていました。子ども時代、王国を追われてペロプスのもとに亡命、息子の教育を任されたにもかかわらず、息子に恋をして死なせています。

事件FILE 29

「天災の恐怖」祈ることしかできない人間たち

【アイアコス】

ゼウスとアソポス河神の娘アイギナの子。ギリシャの英雄の中で最も深く神々を敬っていたとされる。アポロン、ポセイドンとともにトロイア城壁を築く手伝いをする。死後は冥府で亡者を裁いている。

大地震や津波といった大自然の脅威に、人間は茫然《ぼうぜん》と立ち尽くすか神に祈りを捧げるしかないという瞬間があります。もちろん、人々はやがて復興へと立ち上がるわけですが、その前にはどうしようもないほどの絶望感に襲われることもあります。

人々に災いをもたらした今回の原因は、またもゼウスの浮気であり、ヘラの怒りです。

アソポス河神の娘アイギナに恋したゼウスは、いつものように勝手に連れ去ってしまいます。愛する娘が行方不明になった父親は、娘を探してギリシャ中をさまよい歩いたものの、見つかりませんでした。

そんなアソポスに、事件の犯人はゼウスであると告げたのが、**人間の中で最も狡猾《こうかつ》な人と言**

われるコリントス王のシシュポスです。シシュポスは、自分の土地に泉を湧き出させてくれれば犯人を教えるという条件で、ゼウスが娘をさらっていくのを見たと教えました。
これに怒ったアソポスは、ゼウスと娘の寝所に赴きます。しかし、あろうことか逆切れをしたゼウスは、娘を返すどころか父親を雷で追い払ってしまったのです。さらにゼウスは、娘を連れてオイノネ島へと行き、そこでアイアコスが生まれています。
それ以来、この島はアイギナ島と呼ばれるようになりました。
しかし、何よりも問題だったのはヘラです。夫のゼウスがまた女と浮気して、子どもをつくったばかりか、島に女の名前をつけてしまったことにヘラは激怒します。

本来ならば何の罪もないはずのアイギナ島に敵意を抱いたヘラは、この島に恐ろしい疫病を次々と送り込みました。すると、島には濃い靄《もや》が垂れ込め、やがて気力も萎えるような死の熱風が吹きつけてきます。泉や湖、河は毒で汚されたため、犬や鳥、羊や牛はもちろんのこと、野に暮らす猪や鹿、熊なども次々と倒れ、死骸は嫌な臭気を発散するようになりました。

次いで病におかされたのは人間たちです。内臓は焼けただれて身体は熱を帯び、いくら水を飲んでも、その渇きを癒やすことができないほどの苦しみが襲い、次々と息絶えていきました。なにしろ、神がすさまじい怒りを持ってもたらした疫病です。これほどの病を前にしては、人間の医術では対抗することはできません。その結果、助かる見込みを失った人々は自暴自棄になり、死ぬまでは好き勝手なことをして、確実に来る死を迎えることになったのです。

蟻から誕生した人間

これほどの悲劇を前に、ゼウスとアイギナの子アイアコスは父ゼウスに呼びかけます。

「ゼウスよ。アイギナと抱擁を交わされたというのが偽りではないのなら、そして私の父親であることを恥とされないのなら、私に民を返して下さるか、私をも墓へ送り込んで下さるよう」

するとアイアコスは、稲妻と雷鳴によってゼウスの徴《ちょう》を与えられました。彼はさらに、ゼウスに捧げられた樫の木のそばを、長い隊列をつくって進む無数の蟻《あり》の群れを見て呼びかけます。

「いとも優れた父神よ、これと同じ数の市民を私にお与えください。からになった都を再びいっぱいにしてください」

夜になり、眠りに落ちたアイアコスは夢を見ました。その夢は樫の木が揺れて多くの蟻が地上に落下し、地上に降りた蟻たちが大きくなり、身体を伸ばして立ち上がったかと思うと、人間の姿へと形を変えていくというものでした。

翌朝、アイアコスはバカげた夢だと思いましたが、屋敷の外が騒がしいことに驚いて外に出てみると、人がたくさんいて、王であるアイアコスに挨拶をしたのです。疫病を運んで来た南風もやみ、柔らかな東風へと変わっていました。

アイアコスは、**この新しい住民たちにミュルミドン人（蟻男）と名づけ**、ともに街の復興へと取り組むことになりました。

そもそもはヘラが怒ることをわかっている上で、浮気をしたゼウスが原因です。しかしその恨みを八つ当たり気味に、他人に向けるヘラも困りものですね。

豆知識

アイアコスの祈りによってギリシャ語で「ミュルメクス」と呼ばれる蟻から人間になったミュルミドン人は、その後アイアコスの孫にあたるアキレウスとともにトロイア戦争に参加、ギリシャ軍一の精鋭部隊となっています。

神様・英雄紹介 5

【プロメテウス】

ゼウスと戦ったティタン神族の１人だが、この戦いにおいてプロメテウスは、父や兄たちと違ってゼウスに味方している。神々の中でも並外れた知恵者で、先見の明をもっていただけに、ゼウスの勝利を見通していたからである。

もっとも、ゼウスに心服していたわけではない。勝ち馬に乗っかりながらも、自慢の知恵を使っていつかゼウスに一泡吹かせてやろうと時機を待っていた。そんなプロメテウスにチャンスがやってきたのが「プロメテウスの火」で有名な「事件FILE24」の話である。

またプロメテウスは、ゼウスが海の女神テティスと結ばれたら、父よりも優れた子が生まれるという秘密を知っていた。ゼウスはその秘密を明かすように迫ったが、プロメテウスは教えようとしなかったという。

さらにプロメテウスは、泥をこねて人間をつくったと伝えられている。だからこそ、いつも人間の味方をしてくれるのである。そして人間に食べ物や火を与え、文明をもたらしてくれた。しかしこの神話の後日談（事件 FILE40）があるように、人間には禍《わざわい》ももたらされることになる。

プロメテウス神話には、文明の誕生が描かれるとともに、禍の起源も語られているわけである。

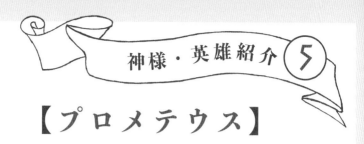

第6章

おそまつな事件簿

事件FILE 30

「奇妙奇天烈」哀しい恋の笛を奏でるパン

【パン】

アルカディアを起源とする牧人と家畜の神。山羊のような下半身と人間の上半身を持つ神。頭には山羊の角が生えている。好色だが、音楽を好み、常に笛を携えていた。「パニック」の語源とも言われている。

アルカディアの地の牧人と家畜の神パンには、何とも奇妙な事件というか、楽しいような悲しいような話がいくつもあります。

パンの父親は一説には、悪知恵の働くヘルメスです。母親は、ヘルメスの生まれ故郷キュレネ山の近くにあるドリュオプスという王の娘ですが、パンが生まれたとき、母親はその奇妙な姿に驚き、逃げ出してしまいました。何がそんなに奇妙だったのでしょうか?

パンは生まれつき上半身は毛深い人間で、頭には2本の角が生え、長いあごひげをたくわえていました。そして下半身は山羊で足には蹄《ひづめ》がありました。

こんな子どもが生まれてきたら、たしかに母親は驚きます。しかしそれを面白がったのは、

父親のヘルメスです。ヘルメスは生まれたばかりのパンを、野兎の皮に大切に包んで、神々の暮らすオリュンポスへと行きました。

そしてゼウスをはじめとする、すべての神々に「私の息子です」と披露したのです。すると、神々はみんなその姿を見て喜び、なかでもディオニュソスは、**すべての者を喜ばせたという理由で「パン」と名づけました。**

生まれてすぐに神々を喜ばせたパンですが、あるとき大変な醜態もさらしています。

大地の女神ガイアがオリュンポスの神々、なかでもゼウスに復讐するために、最強の怪物テュポンをオリュンポスに差し向けたときのことです。

テュポンに恐れをなした神々は、我先にと動物に変身して逃げました。ゼウスは牡羊になり、アポロンは烏に、ヘラは白い牝牛、ディオニュソスは牡山羊に変身しましたが、パンだけは恐怖のあまり、上半身が山羊、下半身が魚という奇妙奇天烈なものに変身してしまいました。（ちなみに、このときのパンの姿が星座の山羊座になったとも言われています）

これでは一体何ものなのかもわからなければ、動物になって隠れることもできません。そんなパンの慌てぶりが、のちに「パニック」という言葉の由来になったとも言われていますが、「パニック」の言葉の由来に関しては、もう1つの説もあります。

パンは普段、真昼時に木陰で昼寝をする習慣がありましたが、誰かがこれを妨げると、怒って人や家畜を恐慌（パニック）に陥れるため、そこから「パニック」という言葉が生まれたとも言われています。

パンの笛に隠された悲しい物語

パンはあまり女性にはもてなかったようで、繁みに身を隠してニンフや美少年たちを待ち伏せして、何とかわがものにしようとします。しかし失敗に終わることが多く、そのときには自慰行為をして自分を慰めたという、なんとも神様らしくない話が伝わっています。そんな悲しい物語の1つに、アルカディアの地のニンフ、シュリンクスの物語があります。ある日のこと、パンに追いかけられたシュリンクスは、やっとの思いでラドン河まで逃げてきました。しかし、これ以上は逃げられないと悟ったシュリンクスは、葦に身を変じました。それでも諦めきれないパンは、風にそよいで音を立てる葦から思いついて、1本の笛をつくっています。

それは長さの異なる数本の笛を束ねたもので、**「パンパイプ（パンの笛）」**ないしは**「シュリンクス」**とも呼ばれています。

ちなみに、パンが最初の笛をおさめた洞窟がエペソスの地にあり、真の処女をそこに閉じ込めると、シュリンクスの音が聞こえて、扉は自然と開き、中から松の冠を載せた乙女が現れると言われています。それに対して、自分は処女であるという言葉に偽りのあった女性を洞窟に入れると、中から叫び声が聞こえ、女性の姿は消え去るという恐ろしい伝説もあります。

幼くして神々を楽しませたパンですが、こと女性への恋に関してはいわゆる悲恋がほとんどです。好色なのに女性からは嫌われるパンは、ちょっとかわいそうで、おそまつな行動を起こす神様なのです。

豆知識

パンにはほかの恋愛悲劇もあります。森のニンフ、エコに恋をしたものの拒否されて、怒ったパンは羊飼いたちを狂わせ、エコを八つ裂きにしました。それでも「こだま」（エコー）の現象だけは残ったと言います。

事件FILE 31

「強すぎる精力」なぜか子どもが生まれる

ヘパイストス

【ヘパイストス】

火と鍛冶の神。どんなものでも自在につくることができる。ゼウスとヘラの子どもとされるが、生まれつき足が不自由で、醜男であることに怒ったヘラが海中に投げ落としたため、海の女神によって海中の洞窟で育てられた。オリュンポス12神の1人。

ヘパイストスはギリシャの火と鍛冶の神であり、**オリュンポスの神々の宮殿のすべては、ヘパイストスがつくったと言われるほどの匠《たくみ》**です。

しかし生まれてすぐ、その醜《みにく》さに落胆した母親ヘラによって、海中に放り投げられました。また、美しい女神アプロディテを妻に迎えたものの、家を留守にした隙に浮気をされるなど、おそまつというか、ちょっと気の毒な事件がたくさんあります。

こうした残忍な仕打ちに対して、持ち前のすごいものをつくる技を駆使することで、ヘラやアプロディテに「これでもか」という復讐を遂げてもいます。しかし悲しいことに、女性に愛されるとか、愛が成就するということはありませんでした。

ある日、女神アテナは武器をつくってもらうために、ヘパイストスのところを訪ねました。ヘパイストスは、英雄アキレウスの武器をはじめ、数々の優れた武器をつくっているだけに、アテナがそれを望むのは当然のことでした。

ところがちょうどその頃、ヘパイストスは妻アプロディテとの仲が最悪で、妻に捨てられかけていました。そのため、アテナを一目見たヘパイストスは、欲情に駆られてアテナを追いかけ始めます。

ヘパイストスは生まれつき足が不自由でしたが、なぜか逃げるアテナを捕まえることができました。そして、まさに交わろうとしますが、アテナは戦いの女神だけあって拒まれてしまいます。そしてそのはずみに、ヘパイストスの精液がアテナの足にかかってしまったのです。

これに怒ったアテナは「なんて汚らしい」とばかりに、精液を羊毛で拭きとって、大地に投げ捨てました。すると驚くことに、そこから大地が身籠もって、エリクトニオスが誕生したのです。**エリクトニオスというのは「羊毛と大地から生まれた子」という意味**ですが、アテナにかかった精液から生まれた子ども、という意味ではアテナの子とみなすこともできます。

それにしても驚くべきは、ヘパイストスの精液の生命力です。ヘパイストスはアテナのほかにも、パライモン、アルダロス、ペリペテスなどにも恋したにもかかわらず、いつも思いは遂げられず、精液だけを流しています。そして、そこからも子どもが生まれたという話があるだけに、その精液がどれほど強力だったかは驚くばかりです。

精力は強いけれども、いつも思いが叶わないヘパイストスはちょっと哀れな、でも思わず笑ってしまう神様と言えます。

処女神の子どもの成長

ところで、アテナの足にかかった精液から生まれたエリクトニオスですが、アテナはこの子を育てようと、箱に入れてケクロプスの3人の娘に預けます。

ケクロプスというのは、アテナイの地の初代の王で大地から生まれ、半分人間、半分蛇の形をしていました。アテナは箱を預ける際に、「中を見ないように」と言いつけますが、「開けてはいけない」と言われると開けたくなるのが人間の性です。

浦島太郎の玉手箱も、パンドラの箱も、いつだって開けることで物語は進みます。3人のうち1人は、アテナの命令を忠実に守りますが、そのうちの1人であるアグラウロスは2人を臆病者と呼んで、箱を開けてしまいました。

そこには1人の赤ん坊と1匹の蛇が入っていました。箱を開けたことに怒ったアテナは、3人を狂わせて、崖から身を投げさせたと言われています。

その後、エリクトニオスはアテナの手で育てられ、のちに女神アテナの神殿を建てて、アテナイの地の王になっています。

ヘパイストスは、恋愛に関してはいつもおそまつな神様ですが、アテナにとっては、処女神でありながら愛しいわが子を与えてくれたので、その点では感謝してもいいのかもしれません。

豆知識　エリクトニオスは、父親ヘパイストス譲りの技で4頭立ての戦車を発明しました。星座の「馭者座（ぎょしゃざ）」はエリクトニオスの姿を描いたものです。

事件FILE 32

「誰でもない」騙された巨人

キュクロプス

【キュクロプス】

ヘパイストスの工房で働く、卓越した鍛冶技術を持つ単眼の巨人。ホメロスの叙事詩『オデュッセイア』では、旅人を食らう野蛮で粗暴な巨人の種族として描かれている。

ギリシャ神話において、オデュッセウスの物語はとても人気があります。トロイア戦争の英雄オデュッセウスは、海神ポセイドンの怒りに触れて、なかなか帰国することができませんでした。その間のいくつもの冒険譚をまとめたのが、ホメロスの名作『**オデュッセイア**』です。『イリアス』と並ぶホメロスの名作中の名作です。

あるときオデュッセウスは、1つ目の巨人族キュクロプスたちが暮らす国に向かって航海し、近づきました。キュクロプスというのは、1つ目の巨人という恐ろしい外見に加え、野蛮で乱暴で、かつ人を食べるという、まるで『進撃の巨人』のような民族です。

キュクロプスの国に着いたオデュッセウスは、12人の部下と海の近くの洞窟の1つに入ります。しかしその洞窟は、ポセイドンの子どもで、1つ目の人食い巨人キュクロプスの1人、ポリュペモスの洞窟だったのです。

実はポリュペモスは、予言者から事前に「オデュッセウスによって盲目にされる」という予言を与えられており、前々からオデュッセウスを警戒していました。警戒されているとは知らずに、その洞窟に入ってしまったオデュッセウスの運命は、まさに風前の灯火としか言いようがありません。

オデュッセウスたちはそうとは知らずに、火を燃やし、子やぎを犠牲に供して宴をしていると、ポリュペモスが洞窟に帰ってきてしまいました。ポリュペモスは、連れていたすべての羊を洞窟に入れると、巨大な岩で入口を塞いでしまいます。そして洞窟の中にいるオデュッセウスたちを見つけるや、すぐに2、3人を食べてしまいました。

危機を感じたオデュッセウスが、アポロンの神官マロンからもらった葡萄酒をポリュペモスにすすめると、喜んで盃《さかずき》を重ね、オデュッセウスに名前を尋ねました。すかさずこう答えます。

「**ウーティス（誰でもない）**」

やがてポリュペモスが葡萄酒に酔いつぶれ、眠りこけてしまうのを見届けたオデュッセウスは、こん棒の先をとがらせて火で焼いて、彼のたった1つの目を突き、つぶしてしまいました。ポリュペモスが大声を出すと、ほかのキュクロプスたちが何人もやってきて、「誰にやられた？」と尋ねますが、ポリュペモスの答えは「ウーティス（誰でもない）」でした。

それを聞いたキュクロプスたちは、誰かにやられたわけではなく、自分の不注意だと思い込んでその場を引き上げたため、オデュッセウスたちは難を逃れることができました。

オデュッセウスの脱出劇

その翌日、目をつぶされたポリュペモスは、洞窟の中にいる羊たちを放牧するために、入口を塞いでいた岩をどかします。その際に、入口に立って慎重に手を伸ばして羊たちを触り、中に隠れているオデュッセウスたちを逃すまいと用心します。

そこでオデュッセウスたちは、3匹の牡羊を縄でつなぎました。そして大きい方の羊の腹の下に隠れ、羊とともに外に出ることに成功しました。そのまま無事に船に乗ったオデュッセウスは、ポリュペモスに「自分の名前はウーティスではなくオデュッセウスである」と大声で告げました。

そのことを聞いたポリュペモスは、予言どおりの男に目をつぶされたことに怒り、岩を引きちぎって船に向かって投げつけますが、船は危うく岩を避けることができ、オデュッセウスはその国から脱出することができました。


これはポリュペモスにとっても腹の立つ出来事でしたが、その親であるポセイドンにとっては、さらに腹立たしい出来事でした。この出来事以降、ポセイドンのオデュッセウスに対する恨みは、さらに増すことになったのです。

せっかく予言を受けておきながら、「誰でもない」というおかしな名前を信じ込んだがために、予言どおりの災難にあったポリュペモスは、何ともおそまつな巨人なのです。

豆知識 ポリュペモスはポセイドンの子どもですが、同じくポセイドンの子どもである巨人アロアダイもヘラやアルテミスに言い寄り、神と戦おうとしたりするなど、ポセイドンの子どもは怪物や野蛮な人間、馬など乱暴者ばかりです。

事件FILE 33

「予言の成就」祖父を殺してしまった英雄ペルセウス

【ペルセウス】
ギリシャ神話の英雄。アルゴスの王女ダナエとゼウスの間に生まれるが、生後すぐに、母親とともに箱に入れられて海に流される。成人したのちメドゥサの首を取り、王女アンドロメダを怪物から救うなど数々の英雄譚がある。

ギリシャ神話では、たとえば「生まれた子どもに殺される」といった神託を恐れ、何とか避けようと、みんながさまざまな策を巡らしますが、最後にはそのとおりになってしまうことが多いです。まさに**神託の力は恐るべし**ですが、それは英雄ペルセウスにとっても同様でした。

ペルセウスの祖父はアクリシオスという王ですが、「娘ダナエの生んだ子どもに殺される」という神託を恐れていました。そこでダナエを閉じ込めたものの、神々の王ゼウスによってダナエは妊娠したため、その子と娘を箱に入れて海に流してしまいました。しかし両者は遠い離れた場所にいたため、問題が起きることはありませんでした。

ときは流れて、成長したペルセウスはゴルゴンのメデュサを退治し、その首を切り取り、袋

に入れたままセリポス島を目指して空を飛んでいました。すると、1人の美しい娘が海辺の岩に縛りつけられているのを発見します。その美しさに一目ぼれしたペルセウスは、地上に降り立ち、「どうして鎖につながれていらっしゃるのか」と理由を尋ねます。
鎖につながれていたアンドロメダは、母親であるカッシオペイアが、「自分は海に住む女神ネレイスたちよりも美しい」と自慢したために、彼女たちの怒りを買ってしまったことが発端だったと伝えました。
そして、ネレイスたちからそのことを聞いて怒った海の支配者ポセイドンは、洪水を起こして国を荒した後、「この災いを終わらせるためには、娘を怪物に捧げなければならない」と告げたと言うのです。

つまり、エティオピアの地の王ケペウスとカッシオペイアは、娘を人身御供にするよう強いられて、仕方なく娘のアンドロメダを岩に縛るしかなかったのです。このことを知ったペルセウスは王ケペウスにこう申し出ます。

「アンドロメダを自分の妻にくれるなら、自分が怪物を退治してみせましょう」

ペルセウスはゼウスによって生まれた英雄です。その申し出を、王ケペウスが断る理由はどこにもありませんでした。両親はこの申し出を受け入れたばかりか、領国を持参金につけることまでも約束して、怪物退治を懇願しました。

ペルセウスはやってきた海獣《かいじゅう》ケトスと空を駆け巡りながら戦い、幾度も剣を突き刺して、見事に怪物を倒したのです。この出来事はメドゥサ退治に次ぐペルセウスの武勲でした。

英雄でも避けられない神託

ケペウスとカッシオペイアは大変喜び、婿であるペルセウスに敬意を表し、家の頼りであり、救い主であるとまで褒めたたえました。

アンドロメダも鎖から解き放たれて、2人は結婚することになりましたが、ペルセウスは領国を受け取ることはありませんでした。ところが、この結婚に納得できなかったのが、アンドロメダの婚約者だったピネウスです。

勝手に婚約者を奪ったペルセウスに怒って、ピネウスは攻撃を仕掛けてきました。しかしペルセウスは、袋からメドゥサの首を取り出して応戦し、向かってきた敵すべてを石に変えてしまったのです。

何ともかわいそうな話ですが、もしペルセウスがいなければ、婚約者は怪物の餌食になったのですから、むしろ感謝すべきだったのかもしれません。

アンドロメダを妻としたペルセウスは、セリポス島で母親を助けた後、生まれ故郷アルゴスへと戻ります。しかし、祖父であるアクリシオスは神託を信じ、すでに逃亡していました。

しかしある日のこと、競技会に参加したペルセウスが円盤を投げたところ、たまたま観戦していたアクリシオスに当たり、亡くなってしまいました。

結果、神託は現実のものとなったわけですが、**祖父を殺したことを悔やんだペルセウスは、祖父の王位を継ぐことはなく、ティリュンスの王となったのです。**神託を逃れることは、神も王も英雄にとっても難しいことだったのです。

豆知識

ネレイスとは、ホメロスによって「海の老人」と呼ばれた海神ネレウスとドリスの間に生まれた娘たちのことで、海底の宮殿で暮らし、歌い踊る美女と想像されている。まるで「竜宮城」ですね。

事件FILE 34

「曖昧な言葉」人々を惑わせる神託

【ピュトン】

ガイア（大地の女神）の子でデルポイの神託所を守っていた大蛇。ピュトン自身もレトの子の手によって死ぬという神託を受けており、その予言どおりレトの子であるアポロンによって殺された。

壮大な山々に囲まれたデルポイのアポロン神殿は、強力な神託が得られる場所として、古代ギリシャの世界では最も大切な聖地とされていました。

将軍たちは戦いに臨むにあたって、戦略や出航の日を問うことで、勝利をわがものにしようとしました。また人々も、折に触れて神託を得ることで何をすべきか、何をすべきでないかを決める拠り所としています。

その神殿の誕生に関わったのは、ゼウスから「デルポイへ行き、神託所の主になれ」という命令を受けたアポロンです。しかしアポロンはすぐに向かうことはなく、ヒュペルボレイオス人たち（極北のかなたの人たち）のところで約1年を過ごしたのち、ようやくデルポイへと向

かいます。
アポロンが来る前、デルポイには神託所があり、それは大地の神ガイアのものでした。ガイアは神託所をピュトンという大蛇に守らせていましたが、アポロンはその大蛇を射殺して、神託所をわがものとしました。
ちなみに、実際にデルポイの神託を行うのはアポロン自身ではありません。神託は巫女であるピュティアが、三脚台の上に座して、謎めいた言葉で行なっていました。そしてその言葉は、予言の神アポロンの言葉とされています。
なぜそのような予言めいた言葉を口にできるのかというと、地中から湧き出る泉とガスが、一種のトランス状態をつくり出すからと言われていますが、そのあたりははっきりしていません。

いずれにしてもデルポイの神託は「人間にとっては避けることのできない運命を予言するもの」と人々から信じられていたのはたしかなことです。

問題なのは、デルポイの神託が明確な言葉で語られるのではなく、曖昧《あいまい》な言葉で語られるため、それを受ける人が、ときに解釈を間違えることがあるということです。

神託の解釈を間違えた大帝国の王

神託の解釈を誤解したことで、大失敗をしたのがリュディア国の最後の王クロイソスです。クロイソスは莫大な富で知られており、英語では大金持ちの代名詞としての言い方があるほど、「クロイソス=富める者」とされています。

そんなクロイソスの座を脅かそうと、勢力を拡大してきたのがペルシア帝国のキュロス二世です。戦いの前には神託を受けるのが当たり前の時代、クロイソスはデルポイやアンピアラオスの神託所にお伺いを立てました。デルポイの神託はいつものように曖昧なものでした。

「もしペルシアと戦えば、帝国は滅びるだろう」

この神託を聞いたクロイソスは、帝国＝ペルシア帝国だと思い込みます。つまりペルシアと戦えば、自国が勝利できると勝手に喜んでしまいました。しかし実は、帝国というのはクロイソスの国のことだったのです。

クロイソスはさらに誤りを重ねます。クロイソスはデルポイに高価な奉納品を捧げて、どこの国を味方にすれば勝利を確実にできるのかを尋ねました。神託の答えは「ギリシャ最強の国」というものでした。

当時のギリシャ最強の国はアテナイでしたが、クロイソスはスパルタだと思い込んでいたため、神託に反してスパルタと同盟してしまいました。

こうしたミスに気づかず、自分はデルポイの神託によって勝利を約束されたと思い込んだクロイソスは、ペルシア帝国に宣戦布告をします。しかしその結果は惨めな敗北であり、**クロイソスは捕虜となり、長く続いた大帝国最後の王となってしまった**のです。

クロイソスにしてみれば、もうちょっとわかりやすい言葉で神託を下してくれていれば負けなかったのに！　という後悔の念がありそうですね。

豆知識
アポロンの呼び名はほかにもポイボス（輝ける者）、ロクシアス（ひねくれ者）などがあります。なぜひねくれ者かというと、神託の言葉があまりにわかりにくく曖昧だったからです。

事件FILE

35

「ならず者の軍神」人間にも負けるアレス

【アレス】

ギリシャの軍神。ゼウスとヘラの子どもで、無類の戦闘好き。性格は凶暴で無計画で、戦いというよりも戦場で殺害と流血を起こすことを好んでいるが、しばしば人間と戦って敗れてもいる。オリュンポス12神の1人。

軍神といえば軍事や戦い、戦略を司る神ですから、誰しも強いと思ってしまいがちです。しかしギリシャ神話における軍神アレスは、人間と戦ってさえ負けることの多い、何とも情けない神様です。

アレスはゼウスとヘラの子どもであり、オリュンポス12神の1人です。その意味ではまさに正統派の神なのですが、同じく戦いの神であるアテナは、戦争に勝利をもたらすための戦略や栄誉の神であるのに対して、アレスは戦場での狂乱や破壊、つまり戦闘そのものを好み、凶暴で無計画な乱暴者の神とされています。

それにもかかわらず、**アレスは戦いにはよく負ける**のですから困りものです。

アレスにはキュクノスという子どもがいました。その子はアポロンの聖地であるデルポイに参詣し、奉献物を持参する巡礼たちを襲っては殺す盗賊でした。

怒ったアポロンが英雄ヘラクレスにキュクノス退治を命じますが、その際にキュクノスの助っ人に来たのが父であるアレスです。盗賊のわが子を叱るのではなく、その助っ人をするのですから、これでは単なる人殺しや戦いが好きとしか言いようがありません。

キュクノスとアレスの親子はヘラクレスを迎え撃ちますが、ヘラクレスはキュクノスを殺し、さらにアテナの助けを借りてアレスの左腿に深手を負わせました。

傷を負ったアレスは、オリュンポスに逃げるほかありませんでした。

ほかにも、アロアダイ（オトスとエピアルテスという2人の巨人）が天に昇って神々と戦おうとした際にもアレスは敗北し、13カ月もの間、縛られて青銅の壺の中に閉じ込められています。このときはヘルメスによって、ようやく助け出されています。このように、軍神でありながら何とも頼りない神様と言えます。

親に泣きつく神様

さらにトロイア戦争では、英雄ディオメデスと戦い、ここでも深手を負っています。トロイア戦争に臨み、アレスは女神アテナから「二股膏薬《ふたまたごうやく》」とののしられています。その理由は、最初はトロイアを攻めるアルゴス勢の味方をすると言いながら、実際にはトロイア勢に加勢して、巨漢ペリパスなどを討ち取っているからです。

こうしたどっちつかずの態度に怒ったアテナは、ディオメデスにアレス討ちを命じました。姿が見えなくなる帽子を被ったアテナは、ディオメデスとともに戦車に乗り、こう言います。

「アレスなど恐れることはない。真っ先にアレスめがけて車を走らせ、間近から刺してやれ。乱暴者のアレスなど憚《はばか》ることはない」

そう言われたディオメデスは、自らが倒したペリパスの死体から防具をはぎ取ろうとしているアレスをめがけて突き進みます。敵に気づいたアレスは、ディオメデスに向かって槍を突き出しますが、むなしく空を切り、代わりにディオメデスの槍によって下腹部を刺されます。痛みに耐えかねたアレスは、1万人の戦士の雄たけびにも比すべき大声を上げて倒れ、またもオリュンポスへと逃げ帰ることになりました。

そして父であるゼウスに傷を見せながら、アテナの非道ぶりを訴えかけました。しかしゼウスからは「泣き言を並べるのはやめぬか」と突き放され、「お前が好むのは争い事、戦争、喧嘩ばかり。オリュンポスに住む神々の中で、お前ほどわしが憎いと思う者はほかにおらぬ」とまで叱責されてしまいました。さらに「わが子でなければ冥界の底の底に落とす」とまで言われては、アレスも立つ瀬がありません。

オリュンポスの神々というと、浮気者や嫉妬深い神などさまざまですが、それぞれに知性や人間への温かさを持っています。しかし**アレスだけは、ただのならず者のような描かれ方**をしています。それもまた、ギリシャ神話の面白さの1つかもしれません。

豆知識
アレスは世界初の裁判の被告です。娘であるアルキッペを犯したポセイドンの息子ハリロティオスをアレスが撲殺したためですが、情状酌量の余地ありで無罪になっています。その裁判の場所は「アレスの丘」と呼ばれています。

事件FILE 36

ヘラクレス

「英雄伝説の光と影」うっかりにもほどがある

ギリシャ神話の中で「最大の英雄」と言われているのがヘラクレスです。母親はミュケネの王エレクトリュオンの娘アルクメネですが、アルクメネに恋したゼウスが詐欺まがいのやり方で妊娠させたため、言わば半神半人として生まれています。

ヘラクレスは生まれたときから特別な子どもでした。しかしゼウスが愛人に生ませた子どもであるヘラクレスは、ヘラに憎まれて数々の嫌がらせを受けています。

まずヘラクレスが生まれてすぐ、ヘラは弟のイピクレスと眠る部屋に毒蛇を放っています。弟は怯《おび》えて泣き叫ぶばかりでしたが、ヘラクレスは2匹の蛇を捕まえ絞め殺しました。

ヘラの嫌がらせはさらに続きます。成長したヘラクレスは、キタイロン山のライオンを退治

【エウリュステウス】

ステネロスとニキッペの子。ヘラクレスとは親戚関係にある。ヘラクレスを恐れ、ヘラクレスの子孫に敵意を抱いていた。

した後、生まれ故郷テバイのためにオルコメノス国に戦いを挑みます。そして敵軍に壊滅的打撃を与えて王を討ち取り、毎年２００頭の牛を貢物《こうもつ》としてテバイに贈らせるという大戦果を上げています。

しかし、そんな活躍を面白く思わなかったヘラは、ヘラクレスを発狂させ、彼と妻メガラの間に生まれた子どもを、ヘラクレス自ら射殺させています。正気に戻ったヘラクレスは、デルポイの神託所へと向かい、「どうすれば子殺しの大罪を償うことができるのか？」を問いかけます。神託はこうでした。

「ティリュンス城に住み、エウリュステウスに12年間奉仕し、命ぜられた仕事を行い、この功業完成の暁《あかつき》には不死となるであろう」

ヘラクレスはエウリュステウスから次々と無理難題を課せられます。

1、ネメアに棲みついている怪物のライオンを退治して、皮をはぎ取ってくる。
2、レルネのヒュドラ（水蛇）退治。
3、ケリュネイアに住む黄金の角を持つ巨大な鹿を生きたまま連れてくる。
4、エリュマントスの猪の生け捕り。
5、30年間掃除していないアウゲイアス所有の家畜小屋を1日で1人で掃除する。
6、ステュムパリデスの鳥退治。
7、ミノス王が所有するクレタの牡牛を連れてくる。
8、トラキアのディオメデス王が飼っている牝の人食い馬を連れて帰る。
9、アマゾンの女王ヒッポリュテの帯を持ち帰る。
10、エリュティアに住む怪物ゲリュオンが飼っている牛の群れを連れてくる。
11、人間が行くことのできない楽園ヘスペリスの園から黄金のりんごをとってくる。
12、冥界の番犬ケルベロスを連れてくる。

これらがヘラクレスの12功業と呼ばれ、見事に達成。無事自由の身になりました。

ヘラクレスのうっかり

その後もヘラクレスは数々の手柄を立て、まさに英雄となりますが、「英雄色を好む」という言葉どおり、ヘラクレスにはこんなエピソードがあります。

18歳のヘラクレスは、キタイロン山に棲む巨大なライオン狩りに出かけます。ライオンがテスピアイの地のテスピオス王の牛を荒したためですが、その際にヘラクレスは、王の宮殿を根城に50日間かけて狩りを行なっています。

王には50人もの娘がおり、王はヘラクレスのような勇者の子を孫に持ちたいと願い、狩りの間、毎夜1人ずつ別の娘をヘラクレスの寝所に行かせました。

しかし、**ヘラクレスは違う娘であるとは気づかず、1人の娘と寝ていると思い込んで全員と交わってしまいました。**

そして娘たちはみな妊娠し、その結果ヘラクレスは知らぬ間に50人の子の父親になってしまったと言われています。

「本当か?」と思わず突っ込みたくなるような、おそまつな話ですね。

豆知識 ヘラクレスは各地で活躍し、崇拝の対象となっていました。たとえば「真実の口」で有名なローマのサンタ・マリア・イン・コスメディン教会の地下には、古代のヘラクレス神殿の跡が今でも残っています。

事件FILE 37

「酒に飲まれて乱暴狼藉」祝いの席で酔っぱらった

ケンタウロス

人間の世界にも、酒を飲むと我を忘れて乱暴狼藉《らんぼうろうぜき》を働く人がいます。たいていの人は酔いがさめてから、自分のしでかしたことを恥じることになります。そして場合によっては、こうした席でのセクハラやパワハラが致命傷となることも少なくありません。それはギリシャ神話の世界でも同様でした。

この事件は、ケンタウロスという下半身が馬で、上半身が人間という半人半獣の種族が起こしたものです。なかにはケイロンのように、知恵にも武勇にも優れ、多くの英雄たちの教育係として活躍したケンタウロスもいますが、その多くは山野や森に棲《す》み、野蛮で乱暴な種族として知られています。

【ケンタウロス】

上半身が人間で、腰から下は馬の姿をした半身半獣の種族。テッサリアの山中に住んでいた野蛮な種族で、酒癖が悪く好色で、酔うと女性に乱暴を働こうとするため、しばしば揉め事を起こしている。

あるとき、テッサリアの地のラピテス族の王で、ゼウスとディア（イクシオンの妻）の子どもであるペイリトオスが、ヒッポダメイアと結婚するにあたり、あろうことかケンタウロスたちも招待してしまいました。

酒が飲める席に、酒癖の悪い、しかも乱暴者を招くほど危険なことはありません。しかし向こう見ずなペイリトオスは、そんなことなど構うことなく宴を開いたのです。

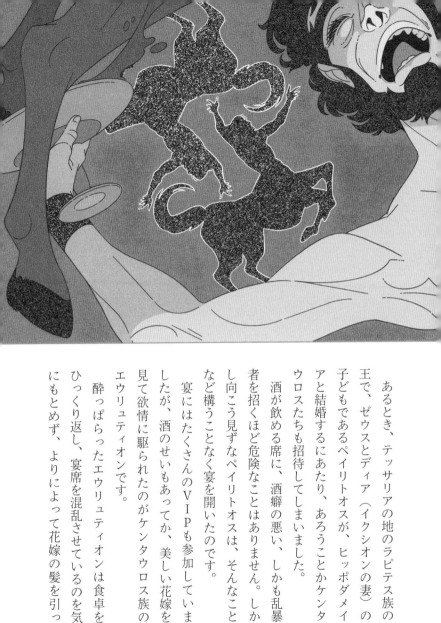

宴にはたくさんのVIPも参加していましたが、酒のせいもあってか、美しい花嫁を見て欲情に駆られたのがケンタウロス族のエウリュティオンです。

酔っぱらったエウリュティオンは食卓をひっくり返し、宴席を混乱させているのを気にもとめず、よりによって花嫁の髪を引っ張って、無理やりに連れ去ろうとしたのです。それにつられるように、ほかのケンタウロスたちも手近な女たちを連れ去ろうとしたため、めでたい宴席は大混乱に陥ってしまいました。この状況を見かねたドリス族の英雄テセウス（ペイリトオスの親友）がこう諭《さと》します。
「エウリュティオンよ、なんという狂気がお前を駆り立てているのだ。この私の目が光ってるというのに、ペイリトオスを怒らせるとは。お前にはわかるまいが、ペイリトオスを辱《はずかし》めることは、私を辱めることなのだ」

しかし、酒に酔い乱暴狼藉を働くケンタウロスたちに、こんなまっとうな言葉が通じるはずはありませんでした。エウリュティオンはテセウスにも殴り掛かるなど、場はまさに殴り合い、殺し合いの修羅場と化してしまいました。

不死身の英雄の登場

あちこちで殴り合いが続く中で登場したのが、ペイリトオスを王にもつラピテス族の英雄カイネウスです。不死身の男カイネウスは、ステュペロス、プロモス、アンティマコス、エリュモス、ピュラクモスという5人のケンタウロスを血祭りにあげ、さらに乱暴者のラトレウスと戦うことになりました。

ラトレウスは、剣を手にカイネウスに襲い掛かりますが、カイネウスは不死身の身体であり、剣も槍もすべて跳ね返してしまいます。慌てたケンタウロスたちは、それでも何とかカイネウスを倒そうと、モミの木を次から次へと投げつけて、カイネウスを埋めてしまいました。

ケンタウロスとラピテス族の戦いはその後も続きますが、**最終的にはケンタウロスたちは敗れ、テッサリアの地を追われることになってしまいました。**

それにしても酔って暴れて、女性に手を出して大騒ぎになる、というのは最低の所業と言うしかありません。ケンタウロスはこのほかにも、ヘラクレスの妻にも手を出そうとして射殺されています。このように、好色で乱暴者というのは、どうしても世間の嫌われ者となってしまいます。

いずれにしても、酒に飲まれないように人間も半獣の種族もくれぐれも注意したいものです。

豆知識 ペイリトオスは妻が亡くなった後、神託によりゼウスの娘ペルセポネを新たな妻にすべく、盟友テセウスと冥界に向かいますが、ハデスによって忘却の椅子に座らせられてしまい、その後地上に戻ることはできませんでした。

神様・英雄紹介 6

【ケンタウロス】

上半身が人間で、下半身は馬の形をした種族。人間の手とともに馬の四肢を持っているので、合計６本の手足がある。イクシオンがヘラに恋をしたときに、ゼウスがつくったヘラに似せた雲と交わって生まれたとも言われている。本書で紹介したケンタウロスのエウリュティオンは、英雄ヘラクレスによって退治された。

野蛮、乱暴者のイメージの強いケンタウロスだが、ケイロンのように温和な性格で尊敬されるケンタウロスもいる。

ケイロンとポロスだけは生まれが違い、ケイロンはクロノスとニンフのピュリラの子どもで、不死であった。医術、弓術、馬術などさまざまな技に長けており、アキレウス、アスクレピオスなど多くの英雄たちの養育と教育を任されてもいる。

ポロスもまた野蛮ではなかった。ヘラクレスはエリュマントスの猪を捕らえに行く途中で、ポロスに歓待されている。

しかしそのケイロンも、ヘラクレスの毒矢に誤って射られてしまい、不死であるがゆえに永遠の痛みに苦しむことになる。そして、その痛みのあまり死を願い、プロメテウスに不死性を譲り、死んだと伝えられている。射手座はケイロンの姿をかたどっている。

ポロスは、仲間の死体から引き抜いたヘラクレスの毒矢を眺めているときに、うっかり自らを傷つけて死んでしまった。ポロスの遺体は、ヘラクレスによって葬られた。

第7章

しくじりの事件簿

事件FILE 38

「女神の失敗」唯一の弱点がある英雄

アキレウス

アキレウスといえば、ギリシャ神話では多くの伝説を有する英雄の1人です。人間でありながら不死身の身体を持ち、トロイア戦争ではたった1人で戦況を逆転させるなど、獅子奮迅の戦いをしたにもかかわらず、**不死身の身体の中で唯一の弱点であるかかと**をパリスに矢で射られて、命を落としています。

これが由来となって、「相手のアキレス腱（唯一の弱点）をつく」といった言葉につながっています。しかし、本来は不死身のはずのアキレウスが、なぜそんな弱点を抱え込むことになったのかというと、そこには母親である海の女神テティスのうっかりが関係しています。

テティスは海の老人ネレウスとドリスとの娘の1人であり、ゼウスの妻ヘラに育てられてい

【アキレウス】

プティア王ペレウスと海の女神テティスの子で、ホメロスの叙事詩『イリアス』の主人公。ギリシャにおける多くの伝説を有する英雄の1人。心優しい性格ではあるが、怒れば凶暴になる。

ます。ゼウスとポセイドンは、テティスとの結婚を望みましたが、「テティスとの間に生まれた子どもは父親よりも偉大になる」という予言を聞き、思いとどまりました。

その結果、テティスは人間のペレウスと結婚します。その結婚は、ゼウスたち神々に大いに祝福されるものでしたが、**神と人間の間に生まれた子どもはあくまでも死すべき人間**です。だからこそテティスは、死すべき人間の子どもを何とか不死にしたいと考えて、あらゆることを試みます。

一説には、テティスはアキレウスを含めて7人の子どもを生んでいます。そして生まれた子どもの身体に、不死にする効力があるアンブロシアを擦り込み、夜になると火の中に投げ入れ、人間の肉体を少しずつ燃やすことで不死にしようと試みます。しかしその試みは失敗して、6人の子どもたちを焼き殺してしまったと言われています。

そしてアキレウスだけは、父であるペレウスが途中で発見して止めたため、焼け死なずにすみました。それでも諦めきれないテティスは、アキレウスを冥府《めいふ》の河ステュクスに連れていき、その水に浸すことで、アキレウスを不死の身体にしました。しかしその際、アキレウスのかかとをつかんで浸していたために、かかとだけが人間の身体のままだったとも言われています。

テティスに対して、「やるならちゃんとしてよ」と言いたくなりますが、わが子を不死にしたいと願うテティスの必死さも痛いほどわかるだけに、うっかりミスをあまり責めないであげてください。

英才教育を受けて成長した英雄

いずれにしても、アキレウスは完全な不死ではないものの、人間としては考えられないほどの身体を得たのはたしかです。これも女神を母親に持ったおかげでしょうか。

その後テティスは、アキレウスを残してペレウスのもとを去ることになります。そして父親であるペレウスも、アキレウスを強い男に育てようと考え、ケイロンにわが子の教育係を任せました。

ケイロンというのは、ケンタウロス族の1人で、賢明で正しく、音楽、医術、狩猟、運動競技、予言の術に優れ、たくさんの英雄たちを幼年時代に教育したことで知られていました。

日本の戦国時代も武将たちは、幼い頃に寺などに預けられ、厳しく教育されています。同様に、アキレウスもケイロンという優れた教師の下で厳しく育てられました。ケイロンはアキレウスに武勇の練習をさせるだけでなく、医術や音楽、礼儀作法、神々への敬意などもしっかりと教え込みました。

おかげでアキレウスは、単に強いだけでなく（普通の人間とは言えないかもしれませんが）、人間としても非の打ちどころのない、まさに英雄と呼ばれるにふさわしい存在となり得たのです。

それだけに、テティスのうっかりミスが悔やまれますが、その一方で、**アキレウスは唯一の弱点を持っていたからこそ、今も語り継がれる英雄になることができたとも言えます。**

豆知識 ステュクスは冥府に流れる河。日本の三途の川のようなものだが、神々であってもステュクスにかけて立てた誓いを破ることは許されず、破ったら1年間呼吸も飲食も禁じられ、9年間神々と交わりをもつことができなくなる。

事件FILE

39

「神を欺く」死をも恐れぬ王様

【ハデス】

死者の国の支配者。ゼウスやポセイドンなどが兄弟。冥界、死者の王として決して帰還を許さない恐ろしい神とされているが、正義にもとることのない正しい神である。別の呼び名としてプルトン（富者）、クリュメノス（名高き者）などがある。

神々はときに、人間にひどい仕打ちをします。しかし人間の中にも、そんな神々を欺くことで目的を果たす人もいたようです。

コリントス王シシュポスの別名は「人間の中で最も狡猾《こうかつ》な人」です。そのありがたくない異名の由来は、ギリシャの神々を相手に二度も欺《あざむ》いて、神々の怒りを買った存在だからです。

シシュポスが神々を騙した最初の事件は、アソポス河神の娘アイギナに恋したゼウスが、娘を勝手にさらっていくところをたまたま見かけ、娘を拉致したのはゼウスであることをアソポスに告げ口をしたことから始まります。（事件FILE29）

そのせいでゼウスは、アイギナと寝所にいるところをアソポスに怒鳴り込まれる、という醜

態をさらすことになります。そしてそれを恨んだゼウスは、シシュポスのところに死の神であるタナトスを送り込みます。
つまり、シシュポスに死の宣告を下したわけですが、狡猾なシシュポスは黙って死を受け入れることはありませんでした。
シシュポスは言葉巧みに、タナトスが持ってきた手錠の使い方を教えてくれと頼みます。タナトスが「こうやるんだよ」と自分の手を使って実演してみせると、シシュポスはいきなりその手錠に鍵をかけ、タナトスを逆に捕らえてしまったのです。
タナトスは死を意味する神です。タナトスがシシュポスの家に捕らえられてしまったため、誰も死ぬことができなくなってしまいました。それは首を切られようが、八つ裂きにされようが同じことで、誰も死ぬことができない、言わば死んでも死にきれない状態です。困ったゼウスは、火と鍛冶の神で技巧に長けたヘパイストスを送り込んで、タナトスを助けます。そしてタナトスによって、ようやくシシュポスを冥界へと送り込みました。いわゆる「死を賜《たまわ》った」ということです。ところが、ここでもシシュポスは悪知恵を発揮します。

神々を騙した罰

シシュポスは事前に、自分が亡くなっても決して葬式を出さないよう妻に言っておきました。冥界に送られたシシュポスは、冥界の王ハデスの前に引き出されますが、なぜかシシュポスは定められた姿をしていません。その理由を尋ねるハデスに、シシュポスはこう言いました。

「妻が葬式を行なってくれないので、定められた姿をしていない。だからそんな非情な妻を罰するために、自分をしばらくの間生き返らせてくれないか？」

妻の非道に怒るとともに、シシュポスを哀れに思ったハデスは、普段なら一度死んだ人間は絶対に地上に帰さないにもかかわらず、なぜかシシュポスの地上への一時的な帰還を許したのです。まさにシシュポスの作戦勝ちでした。

さらに驚くべきことに、シシュポスは一時的な帰還として地上に帰すという約束を破り、その後も冥界に帰ることはなく、ずっと地上に居座ったのです。結果的に、シシュポスは長寿を得ることになりますが、こうして二度も神々を騙した罪はあまりに重く、寿命が来て亡くなり、再び冥界へと赴いたときには何とも過酷な運命が待っていました。

神を欺いたシシュポスは、大きな岩を山頂まで押して運び上げるという重い罰を受けました。彼はその言いつけに従って岩を運びますが、山頂にたどり着いたその瞬間に、岩は転がり落ちてしまいます。そして再びシシュポスは岩を運び上げますが、何度運び上げてもその岩は転がり落ちるため、**永遠に岩を運び続けるという責苦を負うことになった**のです。

アルベール・カミュに『シシュポスの神話』という随筆があります。それはシシュポスの定めと、いつか死ぬとわかっているにもかかわらず、生き続ける人間の定めを重ね合わせた作品となっています。

約束を破るのは悪いことですが、いつも勝手気ままに人間を振り回す神々に一矢を報いたことに関しては、気が晴れた人もいるのではないでしょうか。

豆知識 狡猾な神ヘルメスの子どもアウトリュコスも、父親譲りの詐術や盗みの術で有名な人物でした。しかしアウトリュコスもシシュポスの牛を盗むのには失敗していますから、シシュポスの狡猾さのほうが上です。

「後悔先に立たず」贈り物を受け取った エピメテウス

【エピメテウス】

知恵者の兄プロメテウスと対照的に「後から考える者」という意味の名を持つ男神。パンドラの箱の物語は、まさに後から「しまった」と思うようなエピメテウスの失敗がもたらした災いです。

「パンドラの箱」という言葉は、誰もが一度は聞いたことがあるのではないでしょうか？

パンドラの箱というのは、しばしば触れてはいけないもの、開けてしまうと何か悪いことが起こるかもしれないことの例えとして、よく使われています。この箱の由来は、ギリシャ神話に遡ります。事件の主役となるのは、プロメテウスの弟のエピメテウスです。

プロメテウスが先に考える男として、ゼウスを何度もたぶらかしたのに対して、エピメテウスは後から考える男と言われています。つまり、何かをやってから「しまった！」と初めて気づくタイプです。

そんなエピメテウスの性格を、ゼウスはよく知っていたのでしょう。プロメテウスに激しい

恨みを持つゼウスは、復讐のためにエピメテウスにある贈り物をすることを画策します。それが**地上で最初の女性パンドラ**です。

ゼウスは鍛冶の神であるヘパイストスに命じて、土と水をこね、人間の声と力を吹き込ませて、顔は不死なる女神に似せて、乙女の愛らしい艶姿をつくらせました。さらにアテナやアプロディテたちが、よってたかって彼女をこれでもかと美しく飾り立てました。

こうして誕生したのが、女神のごとく美しく、優雅で魅力的なうえに手芸の技に優れ、神によりさまざまな賜物《たまもの》を与えられた女性パンドラです。

名前の由来も、すべての（パン）、賜った物（ドロン）＝「すべての賜物を与えられた女」から来ています。

よく考えてみれば、これほど魅力的な女性なら直接プロメテウスに贈ればいいのでは？　とも思えますが、そこは知略に長けたプロメテウスのこと、ゼウスからの贈り物などをやすやすと受け取るはずがありません。

じゃあ、どうするか？　「賢兄愚弟《けんけいぐてい》」という言葉があるように、賢い兄プロメテウスには後から「あっ！　しまった！」と気づく、うっかり者の弟エピメテウスがいたのです。

当然プロメテウスはエピメテウスに対して、「もしゼウスから何か贈り物があっても、受け取ってはいけないよ」と言い聞かせていました。しかしエピメテウスは、見事にゼウスのトラップに引っかかってしまったのです。

開けてはいけないものの中身

ゼウスからパンドラを贈られたエピメテウスは、その美しさに目がくらんだのか、プロメテウスの忠告などすっかり忘れて、喜んで受け取ってしまいました。こうして人間にとっての災難となる最初の女性は、人間のところにやってくることになります。そのときにパンドラが手にしていたのが、**パンドラの箱（正確には甕《かめ》）**なのです。

浦島太郎じゃありませんが、「開けちゃダメ」と言われれば、開けたくなるのが世の常です。パンドラも「開けちゃダメ」と言われていた箱を当然のように開けてしまいました。すると、箱の中からあらゆる苦難・災いが世の中に飛び散ってしまったのです。ただし慌てて蓋を閉めたところ、箱の底にはエルピス（希望）だけが残っていたと言います。希望も災いなのでしょうか？

ギリシャでは「人間ははかない希望にすがって生きている」というように、希望を悪いものとして描くことが多いのです。

つまり箱の中に希望が残ったおかげで、**人間ははかない希望を持つけれども、希望は完全には災いになりきっていないので、ときに叶うこともある**と考えられます。

プロメテウスは人間にありがたい贈り物をくれたわけですが、そんな情け深さが逆に、人間に災いをもたらすことになったと言えなくもありません。

ゼウスは肉や火を人間に奪われた腹いせに、あらゆる災いと、ときには叶うけれども滅多に叶わないはかない希望、といった厄介なものをパンドラによって送り込んだのです。

豆知識
エピメテウスとパンドラの娘ピュラは、デウカリオンと結婚。新しい種族をつくるために、ゼウスは大洪水を起こし、一度人間を全滅させましたが２人はプロメテウスの忠告で箱船をつくり難を逃れました。２人は人間の祖です。

事件FILE 41

「モテる妻への復讐」神々を魅了し続ける アプロディテ

【アプロディテ】

美と愛の女神。クロノスに切断され、海に投げ捨てられた男根から泡（アプロス）が沸き上がり、そこから生まれたとされている。鍛冶の神ヘパイストスと結婚したものの、夫を嫌ってたくさんの愛人をつくった。オリュンポス12神の1人。

「事件FILE01」でお伝えしたとおり、ウラノスの切り取られた男根から誕生したのがアプロディテです。愛・美・豊穣の女神と呼ばれるだけに、すべての男を夢中にさせるセックスアピールを備えた女神です。男の神々は、彼女に猛烈な恋心を燃やし続けました。

しかしなんと、**アプロディテを妻としたのは、火と鍛冶の神であり、足が不自由で醜男《ぶおとこ》のヘパイストス**でした。そのきっかけをつくったのは、ヘパイストスの母親でゼウスの妻ヘラです。

ヘラは、生んだわが子の足が不自由なうえに醜いことに怒って、あろうことかオリュンポスから海中に投げ落とす、というあまりにひどい仕打ちをしています。それでもヘパイストスが幸運だったのは、運よく海の女神テティスとエウリュノメに助けられ育てられたことです。

その間、ヘパイストスはどんなものでもつくり出す技術を身につけ、その技を使ってつくったものが、一度座ると動けなくなる魔法の椅子です。その椅子は、ひどい仕打ちをしたヘラに復讐するためにつくり、その椅子を贈られて座ったヘラは動けなくなりました。
困った神々は、ヘパイストスを天上のオリュンポスに連れてきて、ヘラを助け出しますが、そのお礼もあったのでしょう。ゼウスが妻としてヘパイストスに与えたのが、よりによってアプロディテだったのです。
当然、アプロディテに夢中だった男の神々の心中は穏やかではありませんが、それ以上に怒ったのがアプロディテ本人です。
『美女と野獣』の物語は、美女が野獣に心惹かれる話ですが、今回の場合は本人の意に沿わない結婚を無理やりさせられています。そんなアプロディテは、結婚後も醜いヘパイストスを寄せつけないばかりか、浮気を繰り返すようになったのです。

その浮気相手とは、戦闘そのものを好むと言われた軍神アレスです。神様というよりは、ならず者のような言い方をされるアレスは、野蛮で残忍ではあっても男性美にはあふれていたのでしょう。アプロディテは、夫が家を留守にするたびにアレスを寝室に引き入れて、密通を重ねるようになったのです。

そんな2人の浮気を見つけたのが、すべてを照らす太陽神ヘリオスです。見るに見かねたヘリオスが、ヘパイストスに「お前、いつも浮気されているよ」と伝えたことで、ヘパイストスの復讐心が沸き起こります。

浮気した妻への復讐

ヘパイストスはオリュンポスの神々の神殿のほとんどをつくった、と言われるほどの匠《たくみ》です。武器をつくるのもお手の物で、ヘパイストスにとっては浮気男と浮気女をこらしめる細工をするなどわけありません。目に見えない網をつくってベッドにかけておき、2人がベッドでことに及ぶと、網が2人をからめとって動けなくする仕掛けをつくりました。

そんなことは何も知らないアプロディテは、夫が出かけるとすぐにアレスを家に呼び入れ、いつものようにベッドに倒れ込みました。すると、2人はたちまちヘパイストスの罠にはまって、身動きができなくなってしまいました。

近くに潜んでいたヘパイストスは、急いで寝室に駆けつけると、大きな声を上げて神々を呼び集めました。そして、あられもない姿で抱き合ったままの2人の姿をみんなに見せつけて、これまでの鬱憤《うっぷん》を晴らしたのです。

アプロディテは解放されるとすぐに恥じて逃げ出した、と言われていますから、みんなが羨《うらや》むほどのいい女アプロディテにとって、なんともおそまつな出来事だったと言えます。


もっとも、それでアプロディテの魅力が消え失せたわけではなく、ある神様が別の神様に「あんな目にあってもアプロディテと寝たいと思うかい?」と尋ねたところ、即座に「もしアプロディテと寝ることができるのなら、もっと恥ずかしい目にあっても平気だ」と答えたという話があります。

男にとって魅力的な女性は、危険を冒しても近づきたい存在なのです。

豆知識
この事件後、ヘパイストスが母であり仲人でもあるヘラに「妻をのしをつけて返す」と明言し、ポセイドンの仲介で2人は離婚しました。そしてアレスは賠償金を払ったうえに、謹慎を命じられています。

事件FILE 42

「絶体絶命」ゼウスを苦しめた最強の敵

テュポン

【テュポン】

巨大な怪物。上半身が女で下半身が蛇の怪物エキドナと交わって、ケルベロス、キマイラ、ヒュドラ、スキュラなどの怪物の父となった。その力はゼウスにも匹敵するほどであり、ギリシャ神話に登場する怪物の中では、最大最強の存在である。

ゼウスは神々の王とされています。しかし、かつて戦いの中で、歩くことさえままならないほどの窮地《きゅうち》に追い込まれたことがあります。ゼウスをそこまで追いつめたのは、ギリシャ神話最大最強の怪物と言われるテュポンです。

出自に関してはいくつかの説があり、ガイアとタルタロスの子という説もあれば、ヘラがクロノスからもらった卵から生まれたという説もあります。いずれにしても、ゼウスが父であるクロノスから支配権を奪い取る戦いの中で、**ガイアの子どもであるティタンたちを冥界のタルタロスに閉じ込めたことへの、ガイアの怒りが関係している**と言われています。

憎いゼウスに対する復讐をすること、それこそがテュポンに課せられた使命だったのです。

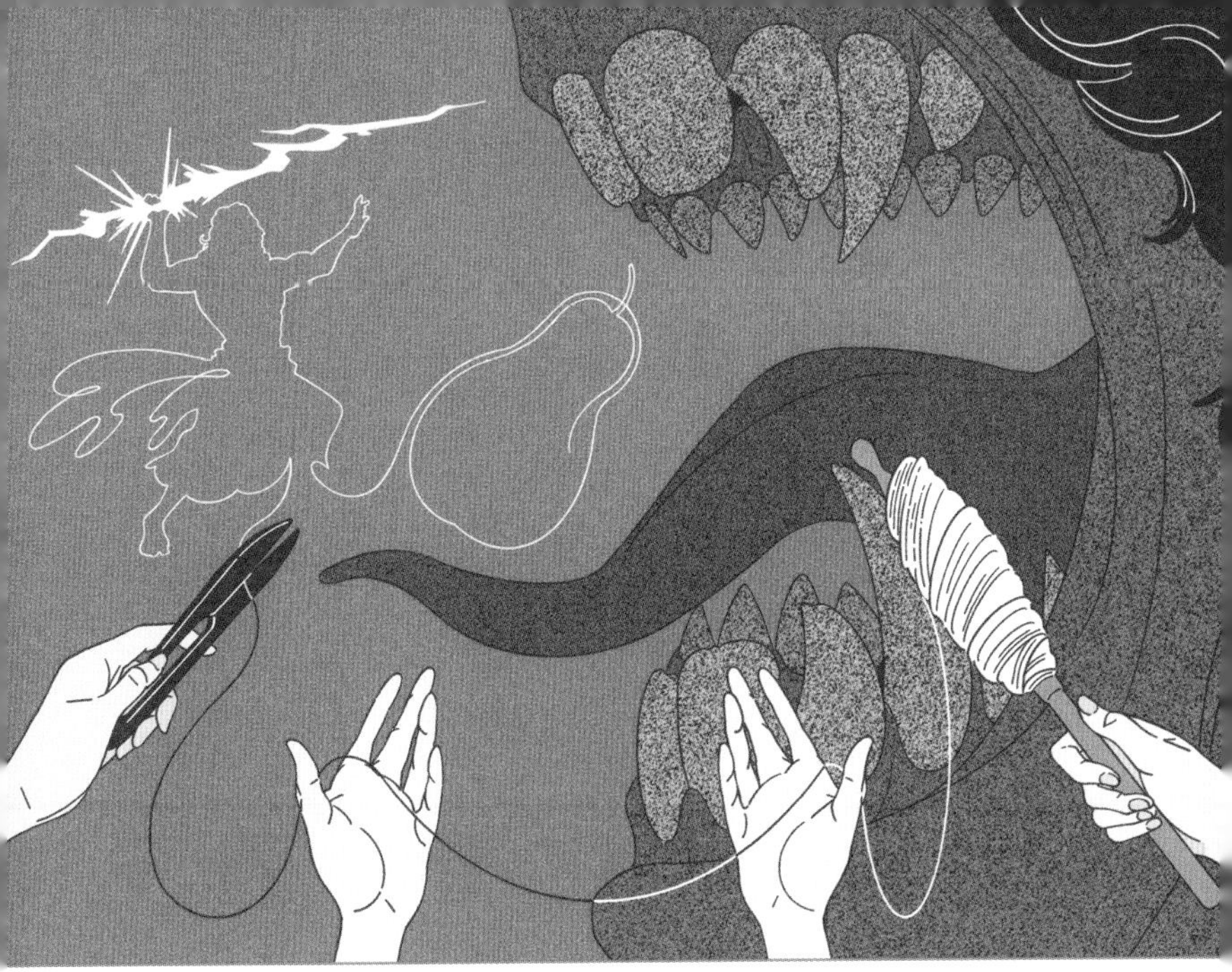

つまり、ガイアによる対ゼウスの最終兵器というところでしょうか。その強さと巨大さは群を抜くものでした。

テュポンは、立つと頭が天に触れ、両手を広げると一方は世界の東の端、もう一方は西の端に届いたと言われます。上半身は人間で、肩からは100の竜の頭が出て、下半身は巨大な毒蛇がとぐろを巻き、全身に羽が生えているという何とも不気味な怪物でした。

そんなテュポンが目から火を放ち、火のついた岩を投げながら、神々の暮らす天へ突進してきたのですから、さすがの神々もたまったものではありません。ほとんどの神は動物に姿を変え、エジプトへと逃げ出しました。

それゆえエジプトの神々は、動物の姿をし

ているとも言われています。しかし、いくらほかの神々が逃げ出したからといって、神々の王ゼウスだけは逃げるわけにはいきません。ゼウスはテュポンの攻撃に果敢に応戦し、雷を投げつけ、金剛の鎌でテュポンに深手を負わせます。しかし、ゼウスもテュポンに絞めつけられて鎌を奪われたばかりか、手足から腱《けん》を切り取られてしまいました。

最高神ゼウスを救った神々

テュポンはゼウスの腱を熊の皮に隠し、抵抗できなくなったゼウスを洞窟に閉じ込めました。そして竜女のデルピュネに番人を命じ、自らは戦いの傷を癒やすためにガイアの下へと向かいました。まさにゼウスは絶体絶命となりましたが、それはほかの神々にとっても同じように大ピンチです。

ところが、ここで力を発揮して思わぬ活躍をしたのが、嘘や盗みの才能を持つゼウスの末っ子のヘルメスです。ヘルメスは息子であるパンと一緒にゼウスを救い出し、竜女デルピュネを騙して、ゼウスの腱を奪い返すことにも成功し、ゼウスは力を取り戻すことができたのです。ヘルメスの迷惑な才能が、ゼウスと神々を窮地から救うことになったのです。

再び力を得たゼウスは、すぐさま反撃に出ます。これに驚いたのは、ゼウスを捕らえて安心していたテュポンです。ゼウスに追いつめられたテュポンは、運命の女神モイラを脅して、どんな願いも叶うという勝利の果実を手に入れようとします。しかし、**モイラは代わりに決して望みが叶うことのない無常の果実を手渡すことで、テュポンの力を奪うことに成功**しました。力を失ったテュポンはゼウスの前に敗れ去り、シチリア島の東端にあるエトナ山の下敷きにされてしまいました。

テュポンは動けなくなってしまいますが、エトナ山の下敷きになっても性懲りもなく火を吐き続けています。そのため、エトナ山は今も噴火活動を続けていると言われています。

この勝利によりゼウスは、何ものの力を持っても決して破ることのできない、交代させることのできない神であることが証明されました。とはいえ、ゼウスの勝利はヘルメスやモイラの機転によってもたらされた、案外と危ういものだったのです。

豆知識 モイラはギリシャ神話における運命の3女神。クロトが運命の糸を紡ぎ、ラケシスが長さをはかり、アトロポスがその糸を切ることで人間の寿命は決まると言われており、その決定にはゼウスさえも逆らうことができません。

事件FILE

43

「生きたまま死者の国へ」妻を生き返らせようとした

オルペウス

【オルペウス】

伝説の詩人で音楽家。冥界を往還した人物であり、密儀宗教オルペウス教の創設者とされている。竪琴の技はアポロンより授けられたともされ、彼の歌には野獣も草木も聞きほれたと言われている。死後、オルペウスの竪琴がこと座になった。

日本で、あの世とこの世を自由自在に行き来したことで有名なのは、平安時代の貴族だった小野篁《おののたかむら》です。ある日、小野篁が閻魔《えんま》大王に仕えて地獄で仕事をしていると、同僚で亡くなったばかりの藤原良相《ふじわらのよしみ》が引き立てられてきます。小野篁は「この人は私の恩人だから許してほしい」と閻魔大王に願い出て、藤原良相を生き返らせたという話があります。

ギリシャ神話においても、亡くなった妻を生き返らせようと冥界へと降り立ったのが『イリアス』などの作者とされるホメロス以前の最大の詩人で、音楽家とされるオルペウスです。オルペウスの父親は、河の神オイアグロスともアポロンとも伝えられています。またオルペウスは、アポロンから竪琴を授けられたとされたり、あるいは人間の演奏する最初の竪琴を発

明したとも、もとは7本だった弦を9本にしたとも言われています。

いずれにしても、オルペウスは歌と音楽の才能に優れ、その演奏と歌声には森の鳥獣が争いをやめて聞きほれ、草木や岩さえも魅了されて集まってきた、と言われるほどに名手だったことはたしかです。

そんなオルペウスには、ニンフのエウリュディケという妻がおり、オルペウスは妻のことを心の底から愛していました。

しかしある日のこと、アポロンとキュレネの子どもであるアリスタイオスが一方的にエウリュディケに恋をし、彼女を犯そうと追いかけ、懸命に逃げるエウリュディケは途中で毒蛇にかまれて死んでしまいました。

「エウリュディケと別れて暮らすことなど

できない」と嘆き悲しんだオルペウスは、死んだ妻を何とか生き返らせようと、冥界へと入る決心をしました。しかし冥界は死者の国であり、生きた人間が行くことはできません。

なぜなら、冥界の入口にはケルベロスという3つの頭を持ち、尾は蛇の形、首の周りにはたくさんの蛇の頭が生え出ている恐ろしい番犬が待ち構えているからです。

しかしオルペウスは怯《ひる》むことなく、竪琴を奏でながら冥界へと向かいます。

決して後ろを見てはいけない

その音色を聞き、さすがのケルベロスも襲うことはせず、イクシオンの車輪は回転を止め、タンタロスは渇きを忘れ、シシュポスの岩は自ずから動きを止め、ダナオスの娘たちは水を汲むのをやめました。恐ろしい魔物も刑罰もその動きを止めて、美しい音色に聞きほれたのです。

おかげでオルペウスは、冥界の王ハデスとその妃ペルセポネのもとへとたどり着きます。そして、2人の前でもオルペウスは妻が亡くなったことを嘆き悲しみ、妻なしでは生きていけないことを切々と歌い上げたところ、2人は心を打たれて、エウリュディケを地上に帰すことを許したのです。ただし1つだけ条件がありました。

それは、**オルペウスが地上に帰りつくまでは決して後ろを見てはいけない**というものでした。もし約束を破って振り返った場合には、妻は再び冥界に戻ることになり、二度と地上に出ることはできないという条件です。

妻を連れ帰ることを許されたオルペウスは喜びました。後ろを見ないという条件さえ守れば妻が生き返るのですから、これほど嬉しいことはありませんし、この約束ならたやすく守ることができるとも考えました。

ところがエウリュディケは、冥界では亡霊ですから足音をたてることもなければ、もちろん言葉を発することもありません。長い道のりで、後ろからついてきている気配がしないため不安になったオルペウスは、もう少しで地上に出られるというまさにそのとき、とうとう振り返ってしまったのです。

その瞬間、後ろにいたエウリュディケはその姿が見えなくなり、二度と会うことはできませんでした。それ以来、オルペウスはほかの女性を一切近づけなくなり、最後は女たちの恨みを買って八つ裂きにされてしまいました。

「画竜点睛《がりょうてんせい》を欠く」という諺《ことわざ》がありますが、音楽の名手オルペウスはあと少しの我慢ができなかったことで、すべてを台なしにしてしまったのです。

豆知識
消えた妻を再び連れ戻すため引き返そうとしたオルペウスを拒んだのは、冥府の河の渡し守カロンです。死者たちから1オボロスの渡し賃を受け取り、船に乗せるカロンの許しがなければ、冥府へは行けませんでした。

事件FILE 44

「若気の至り」ゴルゴンを倒すことになった英雄

【ゴルゴン】

神も人も恐れる3人の娘。ステンノ、エウリュアレ、メデュサの総称。見る者を石に変える能力を持ち、3人のうちメデュサのみが不死ではなかった。

若さというのは素晴らしいものです。しかし若気の至りというか、恐れを知らない若さゆえに大きな試練を味わうことになったのが、ギリシャ神話の英雄の1人ペルセウスです。

ペルセウスの母親はアクリシオス王の娘ダナエです。アクリシオス王は「ダナエから生まれた子どもによって殺される」という神託を受けたため、娘が男と交わることのないように青銅の部屋に閉じ込めました。

ところが、ここでもゼウスが登場します。美しい女性をわがものにするためには、動物に変身したりとあらゆる策を巡らすのがゼウスです。しかし、今回は部屋に入り込めないため、驚くべきことに黄金の雨に姿を変えて、屋根の隙間からダナエの膝の上に降り注ぎ、ペルセウス

を妊娠させてしまいました。
　ダナエは生まれた子どもを乳母とともにひそかに育てていましたが、父親に発見されてしまいます。神々の王ゼウスによって犯されたことなど信じようともしない父親は、なんと乳母を殺して、娘とペルセウスを一緒に木の箱に入れ、海に流してしまったのです。
　アクリシオス王は、それほどに神託を恐れていたのです。箱はセリポス島へと流れつき、その地の王ポリュデクテスの弟で漁師のディクテュスによって2人は救われます。彼の助けでペルセウスも無事成長できました。
　ところが、美しいダナエにほれ込み、執拗に結婚を迫ったのが、セリポス島の王であるポリュデクテスです。王にとって強くたくましいペルセウスは邪魔な存在でした。

そんなある日、王は島の名士たちを集めて自分への貢物を要求しました。ほかの人たちは馬こそ王への贈り物としてふさわしいと口々に言いますが、馬など持たないペルセウスは、みんなの前で「馬よりもゴルゴンの首がふさわしい」と高言してしまいました。

ゴルゴン（ステンノ、エウリュアレ、メドゥサの3姉妹）というのは、見る者を石に変える化け物です。王はペルセウスを亡き者にするチャンスと考え、ゴルゴンの首を持ってくるように命じます。これにペルセウスは慌てますが、今さら「ノー」とは言えず、ゴルゴン退治の旅に出ることになりました。

神々の後押しで偉大な英雄へ

みんなの前では強がったものの、ペルセウスはゴルゴンがどこにいるのかも、どうすれば倒せるのかも知りません。そんな困り果てているペルセウスに力を貸してくれたのが、女神アテナと悪知恵に長けたヘルメスです。

ヘルメスは空を飛ぶことのできるサンダルと、どんな硬いものでも切ることのできる金剛の鎌、そして冥界の王ハデスの被ると姿の見えなくなる帽子を貸し与え、アテナはゴルゴンの居場所を知る3姉妹グライアイのところへ案内してくれました。

グライアイからゴルゴンの居場所を聞いたペルセウスは、帽子で姿を隠し、空飛ぶサンダルでゴルゴンに近づきます。そして直接目を合わせないようにして、アテナから借りていた鏡のように磨き上げた盾にゴルゴンたちの姿をうつしながら、メドゥサの首を見事に切り落とすことに成功しました。

メドゥサを殺されたステンノとエウリュアレは、ペルセウスを追いかけますが、姿の見えなくなる帽子を被っていたために見つけられませんでした。

このとき、切り落としたメドゥサの首の傷口からは、天馬ペガサスと黄金の剣を持つクリュサオルが誕生しています。この2人は、海の王ポセイドンとメドゥサの間にできた子どもたちでした。

その後、セリポス島に無事戻ったペルセウスは、暴君ポリュデクテス王やその取り巻き連中をメドゥサの首を使って石に変え、母親を救い出し、恩人であるディクテュスを王としました。そして**メドゥサの首はアテナに捧げ、女神アテナはその首を自分の盾の中央につけて飾りとしました。**

ペルセウスは若気の至りによって大変な危機に陥りましたが、その難題を神々の協力を得て乗り越えたことで、偉大な英雄になったのです。

豆知識
グライアイはゴルゴンたちの姉妹。生まれながらの老婆で、3人でたった1つの目と歯しかなく、それを交代で使って生活していました。ペルセウスはただ1つの目を奪い、返す代わりにゴルゴンの居場所を聞き出したのです。

事件FILE 45

「浅はかな願い」親切が仇となった

ディオニュソス

「バッカス」という名前でも知られるのは、豊穣と酒の神ディオニュソスです。新しい神のため、なかにはディオニュソスを神と認めない人もいて、ときにはそうした人たちから迫害を受けることもありました。しかしそこは神様ですから、ディオニュソスはきっちりと罰を与えることで信仰を獲得していきます。

そのため、ディオニュソスには迫害した相手を狂わせたとか、罰を与えたという話が多いのです（事件FILE16）。しかし、なかには親切にされて感激したディオニュソスがいいことをしてあげたがために、その恩が仇になったというちょっとおそまつな事件もあります。

ディオニュソスが信者たちを引き連れて、トモロス山の葡萄園《ぶどうえん》とパクトロスの河を目指して

【シレノス】

半身半獣の老人で山野に住む精。馬の特徴を持つ。ディオニュソスの従者として巨人と戦うこともある。しかし酒を飲んでは陽気に酔っぱらい、ニンフ（若く美しい精）を追いかけ、ときには女神ヘラやイリスにも手を出した。

いたときのことです。本来は一緒にいるはずの仲間シレノスだけは、年のせいと酒の酔いでグループから離れてしまい、ふらついているところをプリュギアの人々に捕まり、ミダス王のもとへ連行されてしまいました。

ところがミダス王は、素晴らしい知恵を持つシレノスを10日間に渡って歓待したのち、ディオニュソスのもとへと帰しました。この行いに喜んだディオニュソスが、ミダス王に何なりと望みのものを与えようと言うと、ミダス王はこんな願いを口にしました。

「私の身体が触れるすべてのものを、きらめく黄金に変えてくださいますように」

たしかに触れるものすべてが黄金に変われば、これほどすごいことはありません。日々、黄金に囲まれて暮らすことができますし、生涯お金に困ることはありません。ミダス王にとって、それは夢のような願い事だったはずですが、ディオニュソス自身は「どうしてもっとましなことを願わないのか」と悲しい気持ちで、ミダス王の願いを叶えてあげました。

浅はかな願いの末路

なぜこんな素晴らしい願いが、ディオニュソスを嘆かせるのでしょうか？

ディオニュソスによって願いが叶えられたミダス王は、歩きながら一つずつものを触っていき、そのすべてが黄金に変わる様子を見て、心の底から喜びました。地面から拾い上げた石はたちまち黄金となり、木からもぎ取ったりんごもあっという間に黄金に変わったのですから、その喜びたるや相当なものでした。

しかしほどなくして、ミダス王は自分の愚かさを悟ることになります。それは食事をしようとしたときのことです。

ミダス王が食べようとパンを手に取ると、パンは一瞬で黄金に変わりました。肉も黄金に変わり、葡萄酒を飲もうとすると、溶けた黄金が口へと流れ込んでくるのです。

これではあり余る黄金に囲まれながら、ただ飢え死にするしかありません。

ミダス王は、**ここで初めて己の願いがいかに愚かなものだったか、災いのもとだったかを知ることになった**のです。

ミダス王はディオニュソスにこう慈悲を求めます。

「父なるディオニュソスよ、お許しください。私が間違っていたのです。どうかご慈悲を。この災いからお救いくださいますように」

ディオニュソスはミダス王に「サルデスの都に近い河を訪ね、切り立った崖を登り、流れを遡って河の源流へと行くように」と命じます。そして「そこに水の湧く泉があり、そこで頭と身体を洗い清めれば、触れるものすべてが黄金になる災いから逃れることができる」と伝えました。

ミダス王はその言葉を忠実に実行することで、素晴らしいけれども災いともなる力から解き放たれたのです。それ以来、ミダス王が身を清めた河からは砂金が採れるようになったと言います。

ディオニュソスは人間に罰を与えることが多い神様ですが、たまに親切にすると、それもまた罰に変わるというちょっと困った神様なのです。

豆知識

シレノスは賢く予言の能力も備えていました。しかし、その素晴らしい知恵は彼を捕らえた者にしか教えないため、ミダス王は彼らをおびき寄せるべく酒を混ぜた泉のある庭園を備えていたと言われています。

神様・英雄紹介 7

【ペルセウス】

ペルセウスが退治したゴルゴンはステンノ（強い女）、エウリュアレ（広くさまよう、あるいは遠くに飛ぶ女）、メデュサ（女王）と呼ばれていた怪物で、蛇の頭髪、猪の牙、大きな黄金の翼をもち、見た者を石に変えた。３人のうちメデュサのみが不死ではなかった。

手柄を上げ、急ぎセリポス島に帰る途中に出会ったのが、海辺の岩に縛りつけられていたエティオペアの王女アンドロメダである。彼女を救うために海獣ケトス退治を申し出たペルセウスは見事に仕留め、アンドロメダと結婚し、セリポス島への帰還を果たすこととなった。

セリポス島に戻りダナエを迫害から救ったのち、生まれ故郷のアルゴスに戻ったペルセウスは、競技会で投げた円盤で偶然とはいえ、神託どおりにアクリシオスを殺害。その後アルゴスの地ではなくティリュンスの地の王となり、ヘラクレスなど大勢の英雄たちの祖先となった。

ペルセウスの神話は星座との結びつきも多い。ペルセウスは妻とともに星座として、ペルセウス座、アンドロメダ座となった。アンドロメダの母カッシオペイアはカシオペア座、父ケペウスはケフェウス座、海獣ケトスはくじら座だと考えられている。

・本書で紹介したギリシャ神話の出来事、エピソードには複数の説や解釈があるものがあります。
・煩雑さを避けるために、本書では神名や人物名、土地名など固有名詞の表記は長音をはずしています。また，本書では「ギリシャ」で統一しております。
・本書に登場する神や英雄、ギリシャ神話自体のことを「おそまつ」と表現しているわけではありません。あくまでも現代の一般的な道徳の観点から、おそまつに思える行いや出来事、発言に対して、親しみをもって知っていただくために、おそまつという言葉を使用しています。
・本文中のセリフは、かみくだいた言葉に変更、また前後関係を省略している箇所があります。

主要参考文献

■アポロドーロス、高津春繁(訳)『ギリシア神話』、岩波書店、1953
■アポロニオス、岡道男(訳)『アルゴナウティカ』講談社、1997
■アポロニオス・ロディオス、堀川宏(訳)『アルゴナウティカ』京都大学学術出版会、2019
■逸身喜一郎・片山英男(訳)『四つのギリシャ神話』岩波書店、1985
■ウェルギリウス、小川正広(訳)『牧歌／農耕詩』京都大学学術出版会、2004
■オウィディウス、高橋宏之(訳)『祭暦』、国文社、1994
■オウィディウス、高橋宏之(訳)『変身物語』(１)(２)、京都大学学術出版会、2019、2020
■オウィディウス、中村善也(訳)『変身物語』(上)(下)、岩波書店、1981、1984
■カール・ケレーニイ、植田兼義(訳)『ギリシアの神話（神々の時代)』中央公論社、1985
■カール・ケレーニイ、植田兼義(訳)『ギリシアの神話（英雄の時代)』中央公論社、1985
■沓掛良彦(訳)『ギリシア詞華集』(１)～(４)、京都大学学術出版会、2015～17
■沓掛良彦(訳)『ピエリアの薔薇―ギリシア詞華集選』平凡社、1994
■ピエール・グリマル、高津春繁(訳)『ギリシア神話』白水社、1992
■高津春繁『ギリシア・ローマ神話辞典』岩波書店、1960
■周藤芳幸『ギリシアの考古学』同成社、1997
■西村賀子『ギリシア神話：神々と英雄に出会う』中公新書、2005
■パウサニアス、馬場恵二(訳)『ギリシャ案内記』(上)(下)、岩波書店、1991、1992
■ヒュギーヌス、松田治・青山照男(訳)『ギリシャ神話集』講談社、2005
■ヒュギヌス、五之治昌比呂(訳)『神話伝説集』京都大学学術出版会、2021
■ピンダロス、内田次信(訳)『祝勝歌集 断片選』京都大学学術出版会、2001
■藤縄健三『ギリシア神話の世界観』新潮社、1971
■ヘシオドス、中務哲郎(訳)『全作品』京都大学学術出版会、2013
■ヘロドトス、松平千秋(訳)『歴史』(上)(中)(下)岩波書店、1971、1972
■ホメーロス、沓掛良彦(訳)『ホメーロスの諸神讃歌』、筑摩書房、2004
■ホメロス、松平千秋(訳)『イリアス』(上)(下)、岩波書店、1992
■ホメロス、松平千秋(訳)『オデュッセイア』(上)(下)、岩波書店、1994
■イブ・ボンヌフォア『世界神話大辞典』大修館書店、2001
■松原國師『西洋古典学辞典』京都大学学術出版会、2010
■山川偉也『古代ギリシアの思想』講談社学術文庫、1993
■アントニーヌス・リーベラーリス、安村典子(訳)『メタモルフォーシス(変身物語)』講談社、2006
■『ギリシア悲劇全集』岩波書店、1990～
■『ギリシア悲劇』(1)～(4)、筑摩書房、1985～
■『ギリシア喜劇全集』岩波書店、2008～

【監修者略歴】 **河島思朗**（かわしま・しろう）

1977年群馬県高崎市生まれ。

東京外国語大学、いわき明星大学、日本女子大学、青山学院女子短期大学、首都東京大学（現東京都立大学）で非常勤講師を歴任。東海大学文化社会学部ヨーロッパ・アメリカ学科准教授を経て、現在は京都大学大学院准教授。文学研究科 文献文化学専攻 西洋古典学専修。

西洋古典学を研究しており、その中で古代ギリシャ・ローマの文学や神話に関する論文を数多く発表している。

主な著書に『基本から学ぶラテン語』（ナツメ社）や『はじまりが見える世界の神話』（共著 創元社）、『ギリシャ語練習プリント』（監修 小学館）などがある。

おそまつなギリシャ神話事件簿

2021年9月16日　第1刷発行

監修者 ―― 河島 思朗
発行者 ―― 徳留 慶太郎
発行所 ―― 株式会社すばる舎
〒170-0013　東京都豊島区東池袋3-9-7 東池袋織本ビル
TEL　03-3981-8651（代表）
03-3981-0767（営業部直通）
FAX　03-3981-8638
URL　http://www.subarusya.jp/
ブックデザイン ―― TYPEFACE（CD：渡邊民人・D：谷関笑子）
イラスト ―― 岡添 健介
編集協力 ―― 桑原 晃弥
印　刷 ―― 株式会社光邦

ISBN978-4-7991-0990-8